品牌农业大革命

韩志辉 著

中国农业出版社

图书在版编目（CIP）数据

品牌农业大革命 / 韩志辉著 . -- 北京 : 中国农业出版社 , 2017.4

ISBN 978-7-109-22805-4

Ⅰ . ①品… Ⅱ . ①韩… Ⅲ . ①农业产业－品牌战略－研究－中国 Ⅳ . ① F320.1

中国版本图书馆 CIP 数据核字 (2017) 第 054643 号

中国农业出版社出版

（北京市朝阳区农展馆北路 2 号）

（邮政编码 100125）

责任编辑 程 燕

北京中科印刷有限公司印刷 新华书店北京发行所发行

2017 年 4 月第 1 版 2017 年 4 月北京第 1 次印刷

开本：700mm×1000mm 1/16 印张：12.75

字数：265 千字

定价：45.80 元

农业供给侧结构性改革的核心：产业价值再造

2017年2月5日，中央1号文件全文公布。文件全名叫《关于深入推进农业供给侧结构性改革，加快培育农业农村发展新动能的若干意见》。

这是1号文件第一次把“农业供给侧结构性改革”写入标题，可见中央对于农业供给侧结构性改革的重视，这也成为文件的最大亮点。

农业改革为什么要从供给侧开始，如何进行结构性改革?

农业的主要矛盾由总量不足转变为结构性矛盾，突出表现为阶段性供过于求和供给不足并存，矛盾的主要方面在供给侧。

当前农业农村发展的内外环境发生变化，出现新矛盾新问题：

农产品需求升级了，有效供给跟不上

资源环境承载能力到了极限了，绿色生产跟不上

国外低价农产品进来了，国内竞争力跟不上

农民增收传统动力减弱了，新的动力跟不上

矛盾的主要方面在供给侧，突出的是结构性、体制性矛盾。

也就是说农业的核心问题在于市场需求变了，农业生产却没变，生产了大量的产品，却不能满足消费者需求。

那么，市场需求发生了什么变化呢?

● **从能吃饱，到追求吃好**

改革开放以来，粮食连年大丰收，老百姓不再饿肚子，都能吃饱饭。

现在老百姓开始追求吃得好。所以生产的大量普通粮食卖不出去了。农业结构要改革，推广粮改饲和种养结合模式。调整种植结构，将单纯的粮仓变为“粮仓＋奶罐＋肉库”。

- **从吃好，到追求安全健康**

老百姓有肉吃了，有奶喝了。还要消费升级，想要吃好肉、放心肉、喝鲜牛奶、健康奶。农业结构要改革，从数量到质量。农产品绿色无公害成为基础标准，放心肉、放心奶成了基本需求。

- **从安全健康，到追求科学营养**

消费者不仅吃得安全健康了，还要保证日常生活中身体的充足营养，吃得多元化，吃得有特色，吃得更科学，吃得更营养。农业结构要改革，从安全到营养。有机种植，无抗养殖，蓬勃发展起来，满足高端消费需求。

- **从吃好，到追求“好逸恶劳”**

吃的问题解决了，还不想动手干厨房家务了。农业结构要改革，从营养到方便食用。发展农产品深加工，实施主食加工业提升行动，积极推进传统主食工业化、规模化生产，大力发展方便食品、休闲食品、速冻食品、马铃薯主食产品等，足不出户，优质农产品就从田间直接到餐桌。

- **从“好逸恶劳”，到追求玩得好**

“好逸恶劳”了还不够，还要追求玩得好。农业结构要改革，就要发展休闲农业和乡村旅游。利用农业景观资源和农业生产条件，结合“旅游＋”“生态＋”等模式，推进农业、林业与旅游、教育、文化、康养等产业深度融合，吃喝玩乐一站式解决。

- **从玩得好，到追求“好色”“好乐”**

玩得好还不够，还要身心愉悦。农业结构要改革，从好玩到精神满足。人们在满足了吃喝玩乐之后，精神上的需求便随之而来。追求品位、自我、个性释放，成为今后主流消费群体的选择。

实现农业供给侧改革，离不开农业的品牌化，品牌化是现代农业的必经之路。品牌农业是以市场为导向，兼顾农业产业价值提升与消费心理及认知价值提升。

农业产业价值的提升与再造，从农产品初级原料到深加工的价值研究，挖掘农产品原料价值、原料重构与营养价值、原料的化学及生物深加工价值，将农产品物质价值最大化。具体可以从几个方面入手:

一、改种植结构。从低价值改种高价值。消除无效供给，增加有效供给；减少低端供给，拓展高端供给。大宗农产品要突出“优质专用”，其他农产品要突出“特色优势”。从需求端着眼，种植消费者真正需求的产品。要统筹粮经饲种植结构，发展规模高效养殖业，做大做强优势特色产业。

二、改种植方式。从低端求量，到高端求质。实施优势特色农业提质增效行动计划，促进杂粮杂豆、蔬菜瓜果、茶叶蚕桑、花卉苗木、食用菌、中药材和特色养殖等产业提档升级。生产出高品质的农业产品，从而定位高价值市场，面向高价值客户，使得客户的产品质量在优质原材料的基础上得到提高，为消费者提供高品质产品。

三、改变产业提供的价值。农产品价值再造有两个路子，一个路子是农产品深加工，另一个路子是做品牌。

深加工，改变产业结构。一袋纯牛奶3元，而同样容量的酸奶可以卖到6元，牛奶经过益生菌发酵，加工成了另外一种产品，价值就会成倍上升。产业链的不同环节附加值不同，每改变一次，其价值就会被再造一次。

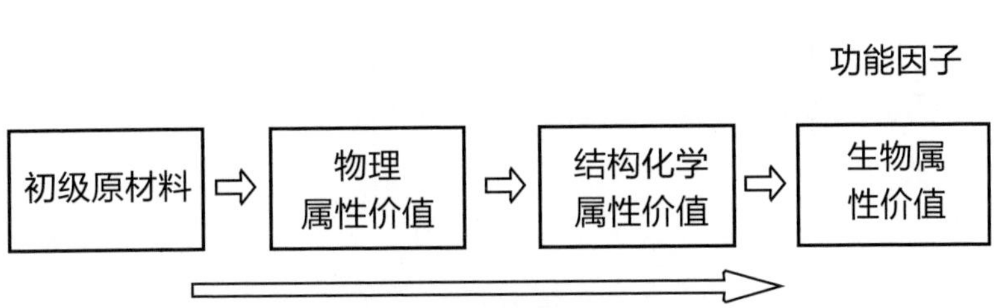

消费心理及认知价值提升，是品牌农业的无形价值，更侧重于占领消费者心智，构建诚信体系，表达消费承诺，创造品牌价值，带动中国农业在竞争中发展与成长，积累竞争优势，参与国际市场竞争。

品牌就是认知，消费者总认为下面这些品牌的产品价值不同，即使我们告诉消费者这些产品实际来自同一车间完全相同，消费者仍然有不同的选择，有人喜欢便宜，有人喜欢性价比，有人喜欢品质，有人喜欢个性品位。

在法国，葡萄本身不值钱，普通鲜葡萄不过1欧元一斤*；如果是产地种植讲究的高品质葡萄，卖到2欧元一斤；品种独特功效明确的葡萄，卖到3欧元一斤。通过深加工，榨汁、生物发酵，变成葡萄酒，价值成倍提升，能卖10欧元一瓶；如果是高品质的葡萄酒，能卖20欧元一瓶；继续价值再造，功能口感价值独特的干型葡萄酒，可卖40欧元一瓶；如果能再为葡萄酒赋予身份地位等高心理价值，比如拉菲，可以卖到几千甚至几万欧元一瓶。一粒小小葡萄通过不断升级完成价值再造，价值提升上万倍。

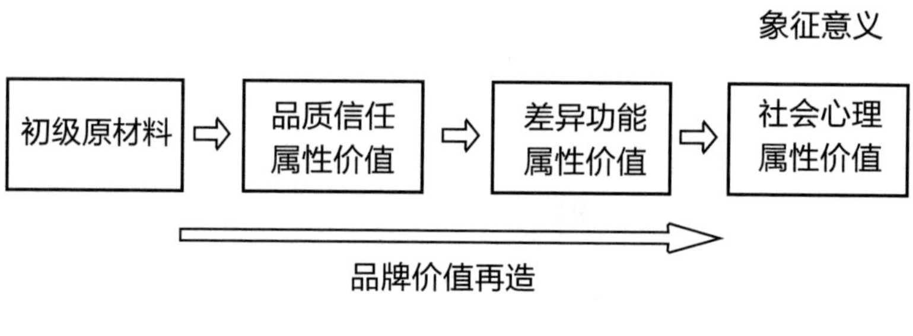

四、改变农业生产经营形态。休闲农业是利用农业景观资源和农业生产条件，发展观光、休闲、旅游的一种新型农业生产经营形态。休闲农业可以充分开发利用农村旅游资源，调整和优化农业结构，拓宽农业功能，延长农业产业链。

---

* 斤为非法定计量单位，1斤＝500克。——编者注

五、产业链优化，找到最有价值的环节。没有价值导向的全产业链必定失败。客户的价值主张是先导，提供价值的核心能力是根基。以价值为导向，进行全产业链控制。为了提供价值而去控制全产业链，而不是去经营全产业链。

农业供给侧改革的落脚点是品牌农业，品牌农业的核心是产业价值再造，一方面是农业产业的价值再造，另一方面是品牌无形价值的再造与提升；从某种程度上讲，产业价值再造理论为中国农业的供给侧改革指出了实践的方向与方法。

前言
QIANYAN

两千年一遇的品牌农业大革命

多种力量交汇，迎来了两千年一遇的大革命

两千年来，世事变幻，但在中国的农村，一直延续着牛种镰收的耕作方式，直到1980年后，这种落后的生产方式被迅速淘汰，一去不复返了。

两千年来，朝代更迭，无论兴衰、无论旱涝，土地上的农民一直背负着沉重的农业税，直到2006年，这种延续了2600年的税赋，从此画上了句号。

两千年来，斗转星移，走过四大发明，走过工业革命，中国的农民，依旧在自己的一小片土地上，一家一户地分散耕种；如今，伴随着农业现代化的号角，延续两千年的土地经营方式一去不复返了。

两千年来，漫长的封建社会历代王朝沿袭着大致相似的户籍制度，其共同特征为地域性、等级性和世袭性。2014年7月，新的户籍制度改革呼啸而至，最大的亮点是取消农业户口与非农业户口性质区分，统一登记为居民户口。从此，“户口”对农村人口的禁锢将被彻底打破……

两千年来，民以食为天，农业一直在保产量，在为年年大丰收而努力。2017年1月23日，农业部正式确定2017年为农业品牌推进年，开始抓品牌消费了……

2017年2月5日，2017年中央1号文件全文公布。重点抓农业供给侧结构性改革了……

杂交技术、转基因工程、生态革命……农业新技术正带来生产方式的大革命；

工业化、城镇化、规模化……社会的急剧变革正带来农业生产秩序的大革命；

品质化、品牌化、个性化、多样化……生活品质的提升正带来消费模式的大革命；

互联网、信息化……人类的发明创造不断带来思维模式的大革命。

这场大革命，注定是一场：

社会生产秩序的再组合；

社会生产力的再突破；

社会生产关系的再调整；

社会财富的再分配……

未来，我们每一个人，将在这场前所未有的大革命海洋中呼吸、徜徉……

五大革命正在集中爆发

土地的规模化带来的农业经营模式大革命

土地承包经营权流转以及中央1号文件等一系列支农惠农政策，拉开了我国农业二次革命的序幕，农业生产经营模式面临新的历史性突破。十七届三中全会关于“允许农民转包、出租、互换、转让、股份合作等形式流转土地承包经营权，发展多种形式的适度规模经营。”这一政策导向的落实，将直接带来农业经济发展的巨大变革，加快农业经济的跳跃式发展。

土地流转政策充分适应了农业生产力发展的时代要求，将农业生产方式直接与市场经济对接，解决了小农经济模式下的家庭联产承包责任制存在的种植规模缺失和人力资源捆绑造成的劳动力流动阻碍问题，为农业规模化经营提供了可能，使生产力要素得到最佳组合，并与市场竞争机制得到了有效结合。这将引发农业领域一次伟大的革命，使生产方式各个环节发生巨大的变革，将促进农业经济集约化发展和高速增长，造就工农业经济的大融合局面。

2017年1号文件强调深化农村集体产权制度改革。落实农村土地集体所有权、农户承包权、土地经营权“三权分置”办法。加快推进农村承包地确权登记颁证，扩大整省试点范围。统筹协调推进农村土地征收、集体经营性建设用地入市、宅基地制度改革试点。

消费的品质化、品牌化带来的消费模式大革命

民以食为天，食以安为先，食品安全关系到广大人民群众的身体健康和生命安全。农产品质量安全水平的提高是增强农产品国际竞争力的需要，也是提高人们消费质量的需要。

在农业领域，随着人们消费水平的提高，市场进一步规范以及我国加入WTO以来，国外农产品大量涌入，农产品市场的激烈竞争愈演愈烈，农产品品牌的作用在市场中凸显。

消费者在选择农产品时注重蔬菜、水果等产品的新鲜度，在购买食品时对商品的属性、功效、口感等也有一定的诉求。而生产者对农产品食品的品质进行规范，进行品牌定位营销无疑是最好的途径。消费者购物时更加信赖品牌，而不仅仅靠感官判断，这就是品牌化消费革命。

2017年1月23日，农业部网站发布了《农业部关于2017年农业品牌推进年工作的通知》，正式确定2017年为农业品牌推进年，全面推进农业品牌建设工作。

中国的农业要实现转型升级，满足人民日益增长的需求，适应国家供给侧改革的需要，实现农民共同致富的目标，品牌农业是最有利的抓手。

消费层次的多样化以及个性化需求带来的农产品价值化大革命

消费者的消费层次多样化，对于物质消费和精神消费的需求自然不一样，尤其体现在个性化需求层面。农产品同其他商品一样，既有价格的高低之别，也有质量的优劣，以及等级的划分。消费者在选购时，自然跟其自身的经济实力息息相关，由此带来的农产品价值化革命不可小觑。

随着全球经济一体化的日趋加深，全球竞争出现了非对称性，以致发达国家的品牌竞争力具有先天优势，发展中国家因先天不足则相对处于劣势地位。跨国龙头企业、农民专业合作社和农业行业协会是农业品牌经营的主体与核心。

农业产业化已是被世界发达国家证明的一条农业品牌发展的成功之路。

农产品的品牌化运营无疑是对农产品价值化提升的最好注解，消费者在购买农产品时，对于农产品价值化的认知，更多的是对农产品品牌化的认知。因此，可以说消费层次的多样化以及消费者的个性化需求是农产品价值化革命的先期导向因素。

国际粮食贸易的格局带来的全球化思维大革命

在国际化进程加快的21世纪，粮食国际化的纽带将各个国家联系在一起，互相依存，互相补给，互相制约，国际粮食贸易格局随着全球化也正在慢慢转变。从以往的情况来看，中国粮食生产和发展长期立足于国内，粮食供应优先保障国内供给。然而在2010年后这一传统格局悄然改变。作为中国传统优势品种的玉米、小麦、水稻等谷物主粮进口量正大幅增加，中国逐渐成为主要粮食品种的净进口国。

进口粮食就是间接的进口土地和水资源，我国人均资源偏少，耕地和淡水资源都远低于世界平均水平，这一情况将长期制约我国粮食生产的发展。国际粮食贸易格局的形成，让农业大佬尤其是粮食贸易的高层不得不用全球化思维来思考这场农业变革背后的问题。在国际粮食贸易面前，要实行总体经营全球化，而非仅仅局限于全球销售。

互联网、信息化带来的思维模式大革命

中国农业生产正处于由传统农业向现代农业转变的重要阶段。互联网技术迅速进入中国农村，正改变着中国的传统农业发展模式，现代网络信息技术缩短了田间地头与销售终端的距离，为农业生产经营活动注入了新的活力。“互联网农业”受到了大众和资本的关注。随着云计算、物联网和大数据技术的发展，先进的农业管理方式也逐步成为构建互联网农业不可或缺的一部分。

网络传播有独特的效应和规律，在网络环境下成长起来的一代对社交网络的信任往往超过传统媒体和广告，商品和服务一旦获得网络一代的青睐，需求往往呈现爆发式的增长。互联网时代商业环境的变化已经广泛触发了企业商业模式的调整与变革，以互联网为载体的互联网农业正在对传统农业的经营模式

产生了巨大冲击，互联网农业思维模式主要表现为：一是互联网技术深刻运用的智能农业模式；二是互联网营销综合运用的电商模式；三是互联网与农业深度融合的产业链模式，而且这三种模式呈现梯次推进的状态，最终农业与互联网的深度结合将创造出一个全新农业融资和运营新模式。

品牌农业大革命带来千载难逢的商机

农产品品牌化需求与品牌缺失带来的商机——品牌抢位

消费者对于品牌农产品的需求越来越旺盛，而我国大多数农产品还处于无品牌阶段，名牌农产品更是少得可怜。品牌代表信赖与放心，从小麦、水稻到瓜果、蔬菜，从猪肉、羊肉到海鲜产品，能够让消费者耳熟能详的、可值得信赖的品牌几乎没有。消费者的品牌化需求，成为有远见的农产品企业迅速崛起的巨大商机：品牌抢位，领先一步占据制高点。

产品同质化现状与消费需求价值化带来的商机——价值抢位

消费水平提高、消费升级、农产品供应不断丰富，消费者对农产品需求向多层次、多样化、个性化发展，食品安全问题更促使人们选择安全健康价值更高的农产品。而现实的情况是，我国农产品的生产和供应尚难以满足价值化的需求。如何提升农产品价值，抢占农产品价值高点，是提升企业和品牌附加值的商机所在。

区域品牌资源向企业主体品牌资源转化的商机——资源抢位

在中国，由于地理环境、历史人文的不同，几乎每一区域都有蜚声中外的名优特产。然而很多名优特产并没有发挥出应有的品牌效应，还处于“有名无牌”的阶段——知名度高，但品牌化程度低。根源在于品牌经营和受益主体不明确，没有宁夏枸杞，只有“某品牌”枸杞，没有沾化冬枣，只有“某品牌”沾化冬枣。在区域品牌向名牌发展的竞争中，谁能够率先把区域优势资源植入消费者的心智中，谁就能整合区域资源，真正把区域优势资源保护起来。

移动互联网带来电商生态的变化——平台抢位

多年的互联网实践，传统企业找到了最合适的互联网模式：通过电商的方式打通其前端需求链和后端供应链，建立自己的业务闭环。这种模式同样适用于农产品企业的电商运作：寻找更多的互联网触点，比如天猫、京东、微信、微博、App、独立官网等，企业成为主体，让各大电商平台成为其整个业务模式中的一个环节。这样的格局带来了更多电商平台的崛起，包括企业以自建商城的方式搭建自己的电商闭环，这给传统企业融入互联网实现O2O找到了更有效的模式。

这是一场两千年一遇的商机

目录
CONTENTS

中国的人均耕地在减少。

中国粮食的增产几乎已经到达极限高点。

如果将大豆纳入粮食范畴，中国的粮食自给率已经跌破90%。未来，中国的粮食进口将会受到越来越大的约束。人均耕地从1992年的人均0.11公顷下降到2011年的人均0.08公顷。

中国土地的污染日趋严重，农药化肥的滥用，导致土地因过度透支而板结。大量的土地如果不用化肥，庄稼已经不能生长。

大量农村青壮年劳动力外出务工或经商，一代农村居民在加速脱离土地，耕地撂荒现象越来越严重。国土资源部的调查称，我国每年撂荒耕地近3000万亩。

留在土地上的，更多的是妇女和老人。直接造成农业人口老龄化，农业空洞化和农村破产化。

一场关于土地和农业的大革命势在必行……

|第二章|

已经爆发的中国品牌农业大革命

这是一场在摸索中前进的世纪变革，

这是一场在土地上创造奇迹的农业革命，

这是农业从“草根”走向“新贵”的黄金时代！

2010年后，中国农业逐渐迎来了发展机遇，在国家农业政策的引领和支持下，中国农业以“突飞猛进”的方式高速发展，已形成一股强势的商业力量。

|第三章|

中国品牌农业千载难逢的商机

机会之所以是机会，就是因为大多数人看不到它是机会。

政府的引导、消费市场发育成型、农民利益的维护以及跨国公司的教育等原因推动着中国农业品牌化的进程。巨大的市场容量、宏观层面对农业的宽松、高额的附加值，吸引着众多资本投资开发农业。

注重价值的消费者不再局限于选择廉价的农产品，他们已经将价格因素排除在外，越来越倾向于根据安全性、营养价值性和品牌信誉做出选择。

在这场史诗般的农业演变过程中，中国必将诞生世界级的企业和品牌。

第二部分 涉农企业战略性思维

|第四章|

品牌农业大革命时期的战略性思维

互联网时代、农业大革命新时期，新的消费方式、新的销售模式下，企业需要一种全新的战略性营销思维。战略性思维是跳出行业看行业，跳出专业看专业的营销思维，包括产业链思维、互联网思维、跨界思维等，有宏观的思想高度、有中观的思维体系和微观的执行，构成清晰的战略体系保障营销目标的实现。

|第五章|

农产品六次产业价值再造

恒某冰泉投了几十个亿的广告，但 3 年只卖了十几个亿的水，累计亏损 40 个亿，被称为“史上最败笔的营销”！

那么恒某冰泉到底败在什么地方呢?

从品牌战略分析，恒某冰泉品牌价值缺失：恒某冰泉的品类是什么？核心的价值又是什么?

如果也是矿泉水，如何与竞争对手在品类上区隔?

在恒某冰泉土豪般的广告轰炸中，价值诉求一直在变：长寿、健康、漂亮，甚至泡茶做饭、强壮美丽健康……始终没有找到自己的核心价值!

从竞争战略分析：明眼人一眼看出，恒某冰泉高调上市，剑指农夫山泉，但是我要问：农夫山泉当时售价不过 2 元，恒某冰泉价格在 4 元左右，一款志在高端的饮用水竟然和一个中端水打仗，结果是什么？

正因为恒某冰泉品牌定位的缺失，定位的空心化导致传播的空洞化，其在 20 天投入的 13 亿广告不知所云，自然无法拉动销量！

恒某冰泉始终没有告诉消费者，它的价值是什么！

在现在这个时代，做品牌就是应该做价值！

|第六章|

以价值为导向的全产业链再造

没有价值导向的全产业链必定失败！

成功的关键在于整合和控制，只有最后的价值最大化，整合才有意义。

以价值为导向，进行全产业链控制。

为了提供价值而去控制全产业链，而不是去经营全产业链。

价值链整合，一是提升整个价值链创造价值的能力；二是提升自己在价值链的战略地位。

第三部分 农业高附加值品牌打造

|第七章|

农业品牌的特征

2017 年 1 月 23 日，农业部网站发布了《农业部关于 2017 年农业品牌推进年工作的通知》，正式确定 2017 年为农业品牌推进年!

中国的农业要实现转型升级，满足人民日益增长的需求，适应国家供给侧改革的需要，实现农民共同致富的目标，品牌农业是最有利的抓手。

农业部将成立农业品牌工作领导小组，统筹协调全国农业品牌工作。进一步明确我国农业品牌的发展方向、工作重点和实现路径。

从现在开始，农业部全面推进农业品牌建设工作!

|第八章|

高附加值品牌打造

品牌，是一块金字招牌，是获得高额附加值的通行证。中国农产品要走出农田，走进市场，获得价值认可，必不可少要有打造品牌的战略思路，更要选择适合自己的品牌发展模式。

品牌是感动心灵的力量！是制约市场的力量，取悦消费者的力量，助推企业成长的力量。因为品牌，消费者有了信赖，有了骄傲，有了品位，有了个性，有了购买的理由。因为品牌，企业有了资产，有了责任，有了优势，有了市场渗透力，有了长青的生命力。

同样的产品，能否获得高额利润，关键在于是否有品牌，是否是知名品牌。中国农产品的丰厚金矿能否为我们所有，从走品牌之路开始。

品牌，让企业更有智慧……

|第九章|

高附加值农业品牌经典案例

第一部分

品牌农业——千载难逢的商机

第一章
雾中奔跑——农业发展与社会需求之间矛盾重重

中国的人均耕地在减少。

中国粮食的增产几乎已经到达极限高点。

如果将大豆纳入粮食范畴，中国的粮食自给率已经跌破90%。未来，中国的粮食进口将会受到越来越大的约束。人均耕地从1992年的人均0.11公顷下降到2011年的人均0.08公顷。

中国土地的污染日趋严重，农药化肥的滥用，导致土地因过度透支而板结，大量的土地如果不用化肥，庄稼已经不能生长。

大量农村青壮年劳动力外出务工或经商，一代农村居民在加速脱离土地，耕地撂荒现象越来越严重。国土资源部的调查称，我国每年撂荒耕地近3000万亩。

留在土地上的，更多的是妇女和老人。直接造成农业人口老龄化，农业空洞化和农村破产化。

一场关于土地和农业的大革命势在必行……

第一节

土地分散经营与规模化发展之间的矛盾

人多地少，人地关系高度紧张是中国的基本国情。在中国由传统农业社会向现代化转型的过程中，对传统农业的改造是最为艰巨的任务。传统农业是孤立分散、经营规模狭小、自给自足的农业，现代农业则是实现了规模化、社会化、市场化、科技化的农业。要实现由传统农业向现代农业的转型，实现农业现代化，我们还面临着一系列的困难和矛盾。

土地分散带来的问题毋庸置疑：一方面是经营分散导致的规模小，在家庭联产承包责任制下，大部分农村地区都是根据集体土地的质量和数量，将土地按照人口或劳动力进行平均分配，这就导致农村土地经营分散；另一方面是人均耕地面积小，导致的规模小。我国有 13 亿人口，8 亿是农民，人均耕地面积只有 0.1 公顷，是世界平均水平的 42%。

劳动生产率低。一方面是由于机械和技术水平低，导致我国种植业的单产落后于世界优势生产国。例如中国玉米、稻谷和小麦单产水平较世界优势生产国分别有 78%、18% 和 5% 的提升空间。另一方面是农村青壮劳动力的流失，使得农村的务农人员主要是一些劳动能力越来越弱的老年人或妇女，被称为“386199”（妇女、儿童、老人）部队。

效益低。规模是提高效益的基础，没有规模就没有效益。一方面分散经营不利于农业技术的大规模推广，比如农艺、灌溉、农机等，另一方面分散经营增加了生产以及管理的成本。比如以买化肥为例，农民从终端网点买，价格是200元，这200元里面包括一批、二批、零售的利润，但是如果实现规模化，可能一个大户一次的进货量就超过一个二批商的进货量，那么可以直接越过零售终端、二批甚至一批，以一批的价格从厂商直接拿货，降低生产成本。

分散经营，品质无从谈起

农业生产和农产品加工脱节，不利于全程监管。首先农业生产者和农产品加工企业之间的合作关系比较松散，加之农业生产者懂技术的少，导致很多的质量标准难以在农业生产中开展实施。其次监管的分散性，质监部门检查的只是加工环节的食品安全问题，对农户生产环节却没有权利，而农业部门对农业生产者的监管又不到位，全程监控难以实现。

农民的议价能力弱，只能被迫地降低成本，食品安全被束之高阁。农民对市场信息的获取能力很弱，对农产品加工企业（采购方）依赖性很强，这就使得农产品加工企业即使不断压低价格，农民也不得不卖。所以农民为了缓解自身的成本压力，想方设法，甚至不择手段提高产量。

食品安全的根源在农产品生产上

第一是解决粮食“量”的问题。有数据显示，中国进口的农产品已经相当于在境外使用了6.3亿亩国土面积。按照中国目前的农业生产能力，至少需要30亿亩以上的国土面积才能满足需求。想要弥补这30亿亩的粮食需求，必须摒弃之前分散的模式，走农业现代化的路子，规模化运营、提升粮食生产的技术含量和质量，才能从根源上慢慢缓解粮食“量”的问题。

第二是粮食“质”的问题。近年来出现很多食品安全问题，其实食品安全的根源就出现在农产品上。规模化运营，可以让专业化的管理、现代化的技术、正规的检测手段应用到农业生产当中，确保粮食“质”的安全。

劳动力禁锢在土地上，收入低

我国农村面临严重的劳动力短缺问题。据权威部门统计，在调查的17个省份中，有74.3%的村民认为村内所有能够出去的劳动力都已输出，而且输出劳动力主要为青壮年劳动力，这部分劳力的转移率在80%以上，其中走进县级以上城市的劳动力达到1.19亿，就业于乡镇企业的为1.48亿，去掉二者中间重叠的部分，输出劳动力达到2.1亿人，而且每一年农村劳动力输出都有上升的趋势。

分散化经营使得中国工农业产品剪刀差长期存在，导致农民种植热情大大下降。一方面，工业产品如农业、化肥、种子、农业机械等生产资料价格飞涨，导致生产成本提高，但另一方面，农产品的价格长期稳定。这就导致农民收益低，种植热情受到十分大的打击。

由于农民单纯靠种粮获得的收益增长十分缓慢，为了提高生活水平，维持农业生产、家庭人员日常开支、子女教育等支出需要，农业人口不得不向城市迁移，非农人口倍增，一方面农村富余劳动力从事非农产业因为受缚于土地的约束，表现为一种季节性、非稳定的流动，另一方面很多地方甚至出现了抛荒现象，造成土地资源的浪费。

怀着沃野平畴的现代农业梦想，离开高大上的城市，走进乡村田野。你会发现，农业远不如理想中的浪漫：土地条块分割、乡野沟壑纵横、村路坑洼难行，乡亲依然守据着几亩土地，一家一户分散着经营。

粮食、蔬菜和猪、羊、鸡肉，在农村大集上蒙尘贱卖，距离你心目中标准农业、品质农业、品牌农业，还有遥远的距离。

从土地分散经营到现代农业规模化发展之路漫长……

第二节

高价值现代农民与劳动力短缺之间的矛盾

2008年国际金融危机后，美国《时代周刊》的封面人物选择了三位中国农民工。因为他们认为，中国劳工的勤奋和巨大的人口红利，是中国经济社会发展成就的关键因素之一。

正是这种以“低工资”“高强度”“低保障”的劳工代价来换取人口红利的传统经营模式，为中国大量劳动密集型企业提供了充足且廉价的劳动力，成为驱动中国制造成为全球国际分工中的重要一环。

但是，这种人口红利的发展模式已经越来越难以为继，李克强总理强调，要转变中国过去依靠“人口红利”的发展模式，充分释放“人才红利”。

人口红利正在消失

民工荒、毕业找工作难、二胎放开以及柔性退休制度的试点，这些现象的背后是伴随中国30年的人口红利优势正在慢慢消退。而第六次人口普查结果的公布，似乎是最有利的验证。

第六次人口普查的数据显示，中国大陆总人口为13.4亿人，其中0~14岁少年儿童人口2.22亿，占16.6%，15~59岁年龄人口为9.4亿，占总人口比重70.14%，60岁及以上老年人口总量增至1.78亿，人口老龄化水平达到13.26%。

据预测，未来少年儿童规模将继续保持相对稳定的状态，而劳动人口数量的递减和老年人口数量的快速扩大将越来越显著，中国人口结构性矛盾将日益突出。

从另一个角度来说，伴随着中国老龄化的开始，劳动人口增长率的下降，意味着中国劳动密集型产业的优势开始慢慢丧失。

劳动力素质低难以适应高价值产业

中国是制造大国，属于劳动密集型产业。劳动密集型的产业有一个特点，规模可以做得很大，但是很难创新，主要原因是受限于劳动者的素质。国际劳工组织的研究结果显示：劳动者的技能水平对经济发展具有决定性的作用。在发达国家的技术工人构成中，高级职工占35%，中级职工占50%，初级技工占15%，而中国高级职工4%，中级职工占36%，初级技工占60%，即使在劳动力素质比较高的上海，高级技工也仅占6%。而发达国家的产业集中在高价值产业，关键在于它们拥有高级生产要素，即较高的劳动者素质。

中国制造业获得较高的全球份额，靠的就是廉价的劳动力资源，但是现在很多制造企业都开始面临民工荒，也由此引发了涨薪潮，这样就大幅度提高了制造业的成本。

现代农业需要现代农民。现代农民要有新思维，要懂新技术，探索新模式，搭建新渠道。

阿里巴巴、京东、联想、恒大、乐视、褚时健，以不同身份跨界"大农业"，他们虎视眈眈搜寻的，正是高价值的现代农民。

中国现代农业将以遍地开花的家庭农场，合作社和种植大户，呈现在世界面前，无论上山下乡的工商资本，还是激情拓荒的新农人，都在呼唤高价值现代农民。

第三节

国际化分工与国家粮食安全之间的矛盾

WTO 后，中国市场的日益开放、政府管制的逐渐透明化等因素，大型跨国公司为了保持自己的竞争优势，开始在全球范围内进行资源配置。中国凭借着充足且廉价的劳动力资源以及广阔的消费市场，进入跨国企业主导的全球生产体系，占据了全球产业价值链中利润最低、价值最低、力量最弱的一端——加工制造。而制造之外的其他环节，包括原料、研发、设计、物流仓储、销售、品牌等环节都控制在别人手里，最后的结果就是：定价权由别人掌控，包括原料定价权、销售定价权。

在农业领域，“ABCD”四大粮商采用一条龙的集团化运作，从种子、化肥等生产环节到建立自己的运输通道等流通环节，掌控了整个链条，这个链条使得他们更容易控制粮价，并获得高额盈利。目前，他们控制了全球 80% 的粮食交易量，这不是危言耸听，只有他们具有定价权。

保护国家粮食安全，必须掌握定价权

为了获取高额的利润，跨国粮食企业通过操控国际农产品期货交易所和对目标国家的产业链渗透的方式，掌控农产品的定价，最终控制整个产业链，从而对目标国家的产业形成强大的威胁。中国的大豆产业就是一个惨痛的教训。

四大跨国粮商只用了 4 年的时间，就将中国从世界上最大的大豆原产国变成了世界上最大的大豆进口国，2/3 以上的大豆依赖进口，转基因豆油占据了 80% 以上的市场。一方面重创中国的大豆种植业，种植面积大大减少，另一方面让中国 1000 多家中小型和本土内资企业走向了绝路，而 90 多家尚能开工的企业，64 家变成了外资独资或合资。带来的结果就是农业竞争力丧失，粮食安全受制于人。

国家粮食安全关乎国家安全

中国有句古话叫做“国以民为本，民以食为天，食以粮为源”，可以看到粮食是关乎国计民生的大事，粮食安全是国家安全的战略基础。

中国是拥有世界上人口最多的国家，而农产品是所有产业的劳动力维持生存的物质基础，如果不能稳定的供给，人民的生活就没办法保障，生产就不能维持，国家将失去自立的基础。所以说粮食问题，是经济问题，更是国家的安全问题。

粮食安全，首先是在“量”上。从国家战略层面上看，哪怕只有少部分人处在饥荒中，没有一定量的粮食供应，也可能造成国家基础的不稳。

同时在“质”上。一定要保证国家18亿耕地红线不变，这是不可动摇和逾越的底线。把住生产环境安全关，净化农产品产地环境，转变农业经营模式，加快进入现代农业，是“粮安天下”的重要保证。

未来，在国际市场，粮食将不再仅仅是粮食，而将日益展现出金融属性的特征。未来 10 年，粮食价格将以出乎很多人意料的态势持续走高。

第四节

食品品质化要求和社会基础化保障之间的矛盾

中国近几年食品安全事故频发，“瘦肉精”“三聚氰胺”“毒豆芽”等，一次一次挑战着消费者敏感的神经。在中国人民解决了吃饱的问题后，食品安全比任何时候都更加受到消费者的关注。据权威部门调查发现，消费者更乐意选择标有“无公害食品”“绿色食品”“有机食品”的优质农产品，选购安全无污染、高品质食品已经在消费者心中达成共识。

而消费意识的变化必然会对处于产业链上游的农业生产结构产生巨大的拉动作用。

农业生产结构的合理化是食品消费结构合理化的条件，但是农业生产结构的调整必须建立在稳定的粮食生产上，也就是说农业生产结构的调整不能损害粮食的生产能力。所以粮食的生产需要走专业化、规模化、标准化的道路，才能最大限度地确保粮食安全生产，在此基础上，发展高效经济作物，满足消费者品质化的要求。

中国这样的大国必须把粮食安全的饭碗端在自己手上。

——习近平

第五节

品质化消费与分离式生产之间的矛盾

我国的食品安全问题已经成为国民关注的焦点话题。消费意识的转变要求引导我国的农业生产必须从传统方式向安全生产方式转变，加强食品的安全监测和可追溯成为我国食品企业必要的发展方向。

食品安全可追溯体系，可以识别出发生问题的根本原因，帮助企业实施产品的召回和撤退。对于消费者而言，相当于整个食品产业链都实现了透明化，可信度更强，食用更放心。目前伊利、蒙牛等大型奶企已经建立了可追溯体系。

生产加工呈现三段式，质量难以控制

食品的可追溯体系是实现食品在原料生产、加工、流通、销售等各环节所有阶段的可追踪掌控。

但是我国食品产业链上下游是脱节的，实施难度大。原料生产企业、产品生产企业、产品深加工企业、物流运输及仓储企业、销售企业基本是分属于不同的企业。某一个环节或者某一家企业建立很容易，但整个产业链都建设起来就特别困难，一旦一个环节出现问题，整个链条都将白费。

此外，我国农产品上游的种植环节一般是分散的小型种植农户，集约化程度低，更没有办法追溯到户。

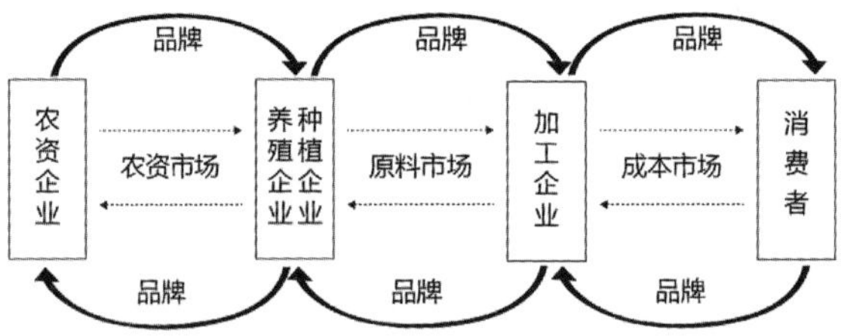

从品牌饲料——品牌鸡——品牌鸡肉——品牌汉堡；从品牌肥料——品牌小麦——品牌面粉——品牌面条——品牌面馆，从农产品到食品，链条很长，确保每个环节不出问题，本身就是极大的考验。

| 第二章 |
已经爆发的中国品牌农业大革命

这是一场在摸索中前进的世纪变革,

这是一场在土地上创造奇迹的农业革命,

这是农业从“草根”走向“新贵”的黄金时代!

2010年后,中国农业逐渐迎来了发展机遇,在国家农业政策的引领和支持下,中国农业以“突飞猛进”的方式高速发展,已形成一股强势的商业力量。

2011 年，京东商城 CEO 刘强东自种的大米在京东商城公开售卖；

2012 年，绿城房地产集团董事长宋卫平，找了一万亩地发展现代农业，联想也在 2012 年正式组建了佳沃集团，大手笔投资农业，做起了高端水果生意；

2013 年，潘石屹高调宣布自己将成为家乡甘肃苹果的代言人，“潘苹果”横空出世；

2014 年，乐视控股进军农业，落户山西生态农业基地；

同年，阿里巴巴董事长马云投资 20 亿进入养牛业……

企业大佬们纷纷变身新农人、做起了农业的生意，难道是为了功成名就后回归田园的人生理想？绝对不是！这些巨头、资本不约而同地对农业及食品领域采取大行动，原因在于他们认识到了农业是一个潜力无限、财富巨大的产业，而且是一个几乎未经开发的“新兴产业”。

企业大佬们是在抢占先机！捞金！

毫无疑问，农业正在成为继房地产、金融等行业后的下一个热点。

从 2013 年起，农业产业投资热度加剧，截至 2015 年年底，农业领域投资案例就达 498 例，相比 2013 年增长 300%；投资金额约 707 亿元人民币，相比 2013 年增长 460%，这在以往是不可想象的。

“在现代农业领域，我们认真研究过，这是一个有巨大发展空间的行业，不仅是有巨大的发展空间，而且有巨大的盈利空间。”柳传志如是说。

为什么说现代农业具有巨大发展空间、盈利空间呢？首先从消费者需求变革说起。

过去讲“打土豪分田地”，现在流行“聚田地做土豪”。

第一节

消费世界已经变了——食品农产品供给必须随之而变

民以食为天，吃饭问题对于中国人来说是一件天大的事。中国14亿人口对于农产品食品的刚性需求，成就了世界上最大的农产品食品消费市场。改革开放30余年，中国人民的生活已由贫困达到总体小康，以前那种吃不饱饭、穿不暖衣的贫困状态，对绝大多数人来讲已经一去不返。然而在中国人不再为吃饱问题发愁的时候，食品安全问题却愈发令国人堪忧。

90年代以来，我国食品安全问题层出不穷，以美食著称的中国总是出现“舌尖上的毒物”：苏丹红鸭蛋、甲醛奶糖、地沟油、染色花椒、健美猪肉、毒馒头、毒豆芽、毒生姜、毒牛奶等。2014年7月麦当劳、肯德基等洋快餐供应商——上海福喜食品公司被曝使用过期劣质肉，又激起了新一轮的关于食品安全问题的讨论热潮。无数消费者在呐喊：吃上一口放心安全的食品怎么就那么难!

一方面，消费者对劣质食品深恶痛绝，极力规避和防范。然而消费者并不是质检专家，信息的不对称也致使消费者在食品安全问题处于劣势地位，除了在不良商家被揭发之后，消费者采取防御性措施不接触之外，绝大部分情况下消费者都被蒙在鼓里，这就在一定程度上纵容了部分存有侥幸心理的企业。当然，这种企业本身也是在自取灭亡。

另一方面，消费者对优质食品极度渴求，想方设法去获取。前面提到，中国是具有14亿人口的农产品食品消费大国，这是一个巨大的市场。愈演愈烈的食品安全问题一次又一次摧残了消费者对农产品食品的信心，谁能够重塑消费者的信心谁就掌握了市场的主动权，这就为真正做优质产品的企业提供了巨大发展空间和市场机遇。归根结底，唯有满足了消费者需求，企业才能得以生存发展。和农业几乎是"八竿子打不着"的科技公司联想，之所以下定决心进入农业这个领域，主要是基于两方面的原因，一是中国食品安全存在重大问题，老百姓和国家都需要放心食品；二是中国农业具有巨大的发展空间和盈利空间。总结出一句话：就是有钱赚！

从吃饱到吃好，消费升级呼唤农业大发展

中国经济 30 年的持续高速发展，带来了社会生活的剧烈变化。据国家统计局公布的数据显示，2015 年中国 GDP 为 10.866 万亿美元，人均 GDP 为 7925 美元。根据世界各国经济发展经验来看，人均国民生产总值达到 3000 美元以后，公众对食品营养、健康的追求会有一个跨越式的发展。在首届中国现代农业产业投融资峰会上，业内人士提出：现代农业将成为继蒸汽机、电力、生物、计算机、互联网之后"财富第五波"的重要动力，未来市场规模将超过两万亿美元，约合人民币 13 万亿元以上。巨大的市场需求，新的消费市场的形成，是中国农业实现从传统农业向现代农业转变的根本动力，也是农业革命的根本出发点。

随着收入水平的提高，消费者消费能力大幅提升，消费开始升级。消费者在吃饱之后，对于农产品食品又有了新的追求：吃得好、吃得健康、吃得安全，还要吃出品位、个性。

以成熟度相对较高的液态奶行业为例。过去人们的收入水平普遍较低，液态奶产品往往被视为仅供儿童、病人等特殊人群食用的营养品。而随着人们收入的增加、消费水平的提高，液态奶已转化为大众化的食品。除了需求量快速上升，消费者对液态奶的需求也更加优质化、多元化、特色化，具体表现在：对液态奶的质量要求提高，趋向于选购名牌产品；不仅仅重视口味口感还更加关注功能性、安全性；不拘泥于常

规液态奶的消费，有机牛奶、高端酸奶、进口奶制品备受欢迎。面对液态奶巨大的市场需求，越来越多的企业进入液态奶行业，这其中不乏跨国乳企巨头抢滩中国液态奶市场。2017 年 2 月 5 日发布的中央 1 号文件提出“全面振兴奶业，重点支持适度规模的家庭牧场，引导扩大生鲜乳消费，严格执行复原乳标识制度，培育国产优质品牌。”这无疑是对中小牧场企业的发展吹响了号角。在严格执行复原乳标识制度的背景下，“复原乳”将是乳品饮料企业挥之不去的阴影。相比之下，消费者更愿意选购真正的、新鲜的牛奶，这将给中小牧场企业（适度规模的家庭牧场）带来重大利好，是中小牧场和中小奶企对抗大品牌的机会。

农业产业格局的变化吸引大资本“下乡”

然而，事与愿违的是，在我国绝大多数农产品食品企业的生产能力，并不能满足消费者日益增长的对优质农产品食品的消费需求。主要表现在以下两个方面：

一是优质农产品食品严重缺位。中国的农产品食品大多是以原料形式的粗加工产品为主，深加工的农产品食品相对较少，有品牌、高价值的优质农产品食品更少。事实上，国内市场正遭受着国际深加工农产品的围追堵截。很多消费者倾向于购买进口农产品食品，即使是价格高昂也在所不惜。例如，原产于我国的高端水果猕猴桃最多 6 元钱一斤，而新西兰的黄心猕猴桃却能卖到 10 元一个，还供不应求。

二是优秀农产品食品企业较少。总体来讲，我国农业企业的工业化水平较低，生产工艺落后，产品品质稳定性欠缺。深加工比例低，主要集中于原始产品或简单粗加工产品。营销落后，品牌价值尚未形成，企业现代营销也基本刚刚起步。更为严重的是，由于产品同质化严重、竞争趋同，农产品食品企业的利润越来越低，有相当一部分企业采用不正当手段压低成本获取收益，食品安全问题由此产生。

面对着亿万消费者对于优质农产品食品的渴求，我国农产品食品企业表现的是如此的力不从心。但是，正是因为消费者需求旺盛与企业供给不足的矛盾，才形成了我国农业巨大的发展空间，从而吸引了巨头们的注意，大量资本涌入农业领域。

第二节

离地不失地——拍案叫绝的新土地革命

为什么我国的食品安全问题层出不穷？根源就是一家一户的小农生产模式，高度分散，很难连成片，难以实现统一标准、统一监管，也难以生产出优质的农产品，即使是有也很难做大，严重制约着农产品食品企业的发展。

封建社会的土地经营模式——农民失地不离地

两千年封建社会为什么三百多年一个更迭？土地制度的根本缺陷和千古难题在哪里？

土地被封建地主占有，将其租给雇农更重，通过收取其地租对农民进行剥削和超经济强制，合作关系由原来的自主耕种变为雇佣耕种，而雇佣耕种之下的市场竞争力并未得到激发，耕种方式没得到根本改变，所以导致劳动率持续低下，劳动率低下使得农民抵御风险的能力降低，地主手中的土地却越来越多，土地所有权的两极分化日渐加剧促成社会的动荡不安，从而导致封建社会中农民起义的频发以及朝代更迭。

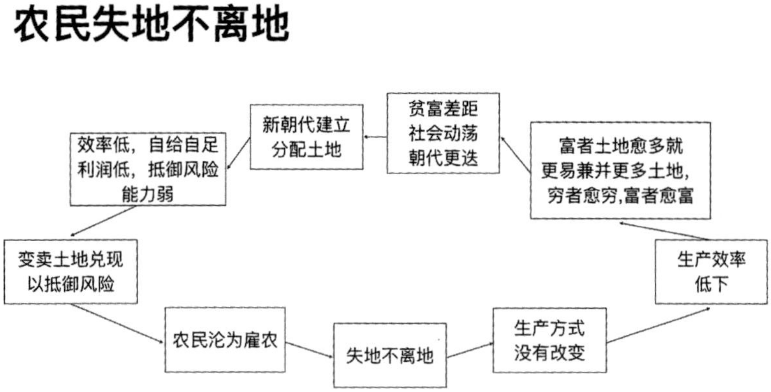

中央新土地政策中的土地合作模式——农民离地不失地

新土地政策中实行所有权、承包权、经营权三权分立，使得一部分农民从土地中解放出来，在一定意义上不但为工业生产提供了丰富的劳动力，还促进了农民收入水平的提高，使大规模机械作业以经营管理成为可能，降低了种植成本，提高了粮食利润以及食品加工企业的市场竞争力，从而使得各方收益得到较大提高与改观，城乡收入均衡，社会稳定，社会进步。

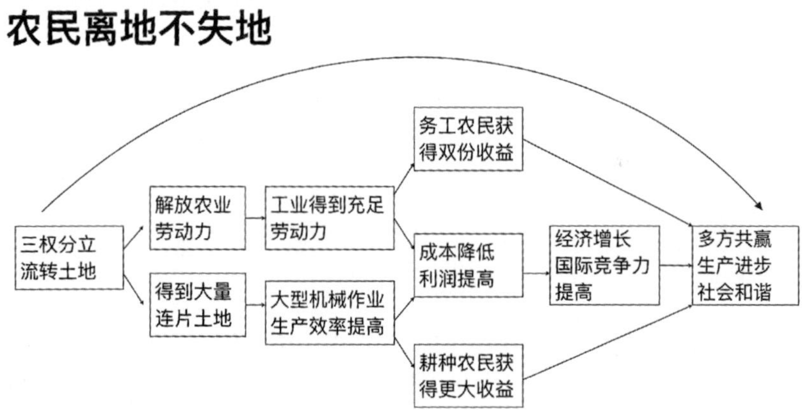

以面条产品为例。要生产出优质的面条，需要有优质的面粉原料，优质的面粉原料又来源于优质的小麦，优质的小麦则需要在选种、施肥、灌溉、除虫、收割等各个环节都要做到高标准严要求。如果说种植小麦的主体是一家一户的农民，这就很难做到，因为主体太多难以把控。少则多，多则惑。农产品生产的产业链越长，经营的主体越多，就越难以控制质量、实现标准化。

我国农业之所以高度分散，主要原因在于我国农业大都实行一家一户的小规模家庭分散经营模式，土地分散零星，造成了农业生产要素或生产手段不论它的先进程度如何、实施发挥的效能如何，它的利用都被规定在一个狭小土地这一层次上，阻碍了技术进步发展及生产要素的使用效率增加。一家一户分散经营方式与农业现代化不相容，是阻碍我国农业现代化发展的最大因素，而农业现代化必须建立在规模经营的基础上，只有将分散的土地集中起来，才能形成规模；只有形成规模，才能产生影响力与高价值。农村土地流转、土地实现从分散到集中，迫在眉睫。

2014 年中国土地新政，通过 2014 年中央 1 号文件《关于全面深化农村改革加快推进农业现代化的若干意见》体现出来。对于土地承包，1 号文件首次允许承包土地的经营权向金融机构抵押融资，承包地所有权、承包权、经营权“三权分离”，即农民离地不失地——农民离开土地，却没有失去自己的土地。

2016 年 1 月公布的《中共中央、国务院关于落实发展新理念加快农业现代化实现全面小康目标的若干意见》中，明确提出“稳定农村土地承包关系，落实集体所有权，稳定农户承包权，放活土地经营权，完善‘三权分置’办法，明确农村土地承包关系长久不变的具体规定”。

到了2016年10月31日，中共中央办公厅、国务院办公厅《关于完善农村土地所有权承包权经营权分置办法的意见》提出，逐步建立规范高效的“三权”运行机制，不断健全归属清晰、权能完整、流转顺畅、保护严格的农村土地产权制度，为发展现代农业、增加农民收入、建设社会主义新农村提供坚实保障。

该意见指出，现阶段深化农村土地制度改革，顺应农民保留土地承包权、流转土地经营权的意愿，将土地承包经营权分为承包权和经营权，实行所有权、承包权、经营权分置并行，着力推进农业现代化，是继家庭联产承包责任制后农村改革又一重大制度创新，是农村基本经营制度的自我完善。

2017年2月5日，《中共中央、国务院关于深入推进农业供给侧结构性改革加快培育农业农村发展新动能的若干意见》（中央1号文件）发布，其中第30条即为“深化农村集体产权制度改革”，落实农村土地集体所有权、农户承包权、土地经营权“三权分置”办法，则是排在该条第一位的改革内容。今年提出落实农村土地集体所有权、农户承包权、土地经营权“三权分置”办法，关键在于“落实”二字。

从分散到集中——土地规模化带来财富契机

“土地是财富之母”，无论是在古代还是现代，中国人对于土地始终是无比热爱，土地的多少直接决定了个人的地位和财富，同时也是国家实力的象征。但凡是能够有获得大量土地的机会，都会引来各路资本的“围猎”。

首先是经营成本的降低。以种植业为例，企业集中的土地到达一定规模后，能够统一配种、施肥、除虫等，就可以通过规模化采购节约成本。比如在施肥这一环节，由于种植规模大，肥料的用量也大，这时企业可以和化肥供应商直接签订比较优惠的订单合同。

其次是生产率的提高。规模化的种植使得机械化生产成为可能，新技术、新工具也能够迅速推广，大大节省了劳动时间，避免了不必要的消耗。

三是有助于提高农产品附加值。土地的规模化可以实现农产品产业化经营，将生产、加工、运输、销售等环节联成一体，多层次提高农产品附加值，可以从根本上提高效益。

四是可以改善农产品渠道建设。大部分农产品的销售渠道很窄，主要是：农民自己到市场零售，或把农产品卖给收购的商贩。这两种方式第一种虽然收入比第二种可观，但是需要消耗大量的人力和精力，第二种简单省时省力但是农产品被以很低的价格卖出，农民收入减少。而规模化经营可以实现农产品的大量生产与销售渠道的直接连接，如农超对接等。

所谓农超对接，指的是农户和商家签订意向性协议书，由农户向超市、菜市场和便民店直供农产品的新型流通方式，主要是为优质农产品进入超市搭建平台。农超对接是国外普遍采用的一种农产品生产销售模式，目前，亚太地区农产品经超市销售的比重达70%以上，美国达80%，而中国只有15%左右。为何中国比例如此之少？根本的原因就是分散的农业生产难以生产优质农产品。以一家一户的农民为主体的农产品生产管理过程中，非常普遍的现象就是过分依赖农药和化肥，尤其是农药的使用次数。剂量在逐渐增加，少数农民还在使用高毒高残留农药，甚至部分农民对农产品的生产管理和病虫害防治带有很大的盲目性，致使产品外观质量较差。还有部分农民不分果实成熟度，恶意采摘，跟树走，箩筐挑，口袋扛，散上车的现象仍然存在，使得农产品分级不够，上不了档次，产品附加值低，也就无法进入对产品品质要求相对较高的商超渠道了。而以规模化为前提的产业化经营可以从根本上解决这一点。

五是便于监督保证食品安全。经营者越分散就越不易于管理和监督，防不胜防。而形成规模之后，就可以责权到人、企业或者是合作社，食品安全问题也会大大改善。

然后是增强了市场竞争力。一家一户的农民习惯了封闭的生产方式，对市场的把握能力几乎为零。走向规模化后，经营者必然要以市场为导向，以满足消费者需求为出发点，能够真正做到产销结合，促进农业发展、农民增收。

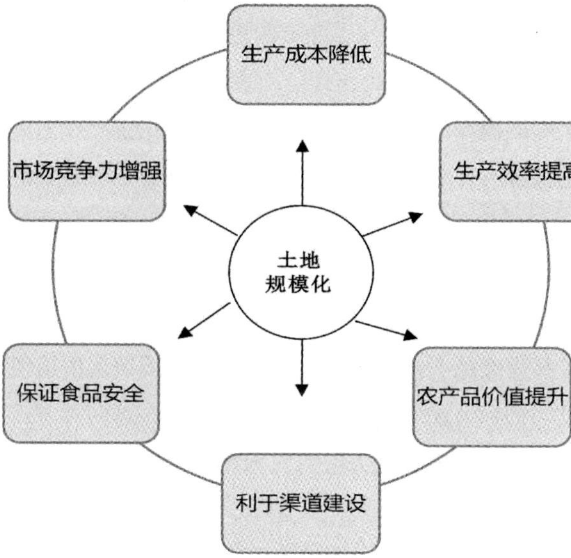

土地规模化带来的农业效益

第三次土地财富浪潮来袭

第一次是20世纪90年代的工业化革命，全国到处征集土地建设工业开发区，很多土地从农业用地向工业用地转变，实现了土地的财富升值。就在这一时期，中华大地上成就了无数个巨型企业和财富神话，以山东为例，海尔、福田、魏棉集团等千亿级企业皆在这一时期兴起。

第二次土地财富浪潮是21世纪初期的城市化革命，全国到处开发房地产，工业向城郊转移，城区扩大，房价飙升，土地价格飞涨，土地创造了新一轮的财富机遇。经过十年发展，第二次土地财富浪潮成就了万科、中海、保利等巨型企业，造就了王健林、王石、潘石屹等亿万富豪企业家。

伴随着两次的土地财富浪潮，中国出现了两次“圈地运动”。第一次圈地运动即在中国工业化革命的第一次财富浪潮时期，根据国家建设部公布的资料，截至1993年3月宣布清理时，中国大陆县级以上的开发区已达6000多个，占地1.5万平方千米，比中国当时城市用地面积总量1.34万平方千米还多出0.16万平方千米。而且这还不包括那些未统计在内的村级、乡镇级开发区，圈地热于此可见一斑。

第二次圈地运动则是在中国城市化革命的第二次财富浪潮时期，大量土地被圈定建设住宅和商业楼盘。截至2015年年末，全国耕地面积为20.25亿亩，2015年全国因建设占用、灾毁、生态退耕、农业结构调整等原因减少耕地面积450万亩，通过土地整治、农业结构调整等增加耕地面积351万亩，年内净减少耕地面积99万亩；全国建设用地总面积为5.78亿亩，新增建设用地760万亩。

可以说，中国的农业革命是新中国的第三次土地财富浪潮，当然也会出现“圈地运动”，国家政策在土地流转方面的利好也给有远见卓识的企业家们吃了颗定心丸，因此土地的集中规模化是大势所趋。

第三节

坚守传统经营方式，更多的是一种不思进取

所谓品牌农业，是指经营者通过取得相关质量认证，取得相应的商标权，通过提高市场认知度，并且在社会上获得了良好口碑的农业类产品，从而获取较高经济效益的农业。

农业产业化是中国实现农业现代化的重要途径之一，而品牌化则是中国农业产业化升级的必由之路，是中国实现从传统农业向现代农业转变、促进农民增收、实现农业增长的现实路径。可以说品牌是现代农业发展的灵魂，加强农产品品牌建设、发展品牌农业是增强我国农产品市场竞争力、实现农业现代化的客观要求。农产品的品牌建设，往浅里说，是解决农产品难卖的一个重要手段，往深里说，则是提高我国农产品知名度、文化内涵以及附加值的良策。

由于种种原因，我国的品牌农业建设存在诸多问题，难以形成强势品牌。

粗放经营模式遭遇滑铁卢

自 1978 年家庭联产承包责任制实行以来，小规模耕作使得我国农业一直拘泥于一家一户的小农生产，各家各户“各自为农”，导致农产品品种繁多、标准难以执行，很难形成品牌，具体表现在：

农产品品种选择存在盲目性。许多农民种植农产品都是凭经验或者是跟风，

缺少市场调研和耕种计划，产销不能有效对接，同一产品的供应也时多时少，无法为品牌建设提供持续充足的产品供应。

农产品品质难以得到保证。品牌不等于产品，但是成功的品牌一定是基于成功的产品，唯有受消费者认可接受的优质产品才能成就品牌。由于大多数农民的科技文化水平不是很理想，在种植生产农产品时过于粗放，整个农产品的内在品质和技术含量难以根本提高。

品牌建设缺乏意识和动力。由于受分散的、一家一户的小农生产方式的影响，大多数农民已经习惯了粗放经营，市场意识薄弱，更没有创品牌树形象的动力。

低价值营销走进死胡同

从古至今中国一直是人口大国，如何解决庞大人口的吃饭穿衣问题是各界政府的头等大事。长期以来，我国农产品供不应求，卖方在交易上处于有利地位。这也造成了多数农产品生产经营者的侥幸心理，认为不管生产什么总会有人需要。然而，随着生产水平的提高，物质极大丰富，人们有了更多选择，任何一个产品都有可能让其他产品取代，很多固守于“卖方市场”观念的生产者开始步履维艰。有些企业试图通过各种手段来摆脱困境，但是却走入了另一个误区：低价值营销。

一是坚守“薄利多销”。很多企业家一直认为只要产品好，价格低，就一定能卖货，他们抱定的一个思想就是“薄利多销”。然而事实却是：在人们心里，价格低的产品肯定不是好产品也不会购买。薄利不能带来多销，更不能带来高利润，塑造品牌也只能是痴人说梦。

我认识许多中小企业的老板，有做酒的、做小食品的，产品大多有一个特点：货真价实。但是他们很苦恼，产品质量也好，价格也不高，就是卖不动。或者搞促销，却发现促销就卖货，不促就恢复原状。

二是采用不正当手段压低成本。在中国，由于农产品食品行业进入门槛相对较低，很多企业看到哪个产品、产业赚钱就会蜂拥而上，追求的是赚快钱，不注重产品研发和品牌建设，结果导致产品同质化严重。然而客户是有限的，面对一样的产品肯定会选择价格低的。与追求产品好而价格低的“薄利多销”经营理念不同的，是一些不法生产经营者为获得更多的利润，只是做到了“价格足够低”。显然，采用这种方式生存的企业是在玩火自焚，何谈品牌建设。

食品安全问题的频发，就是无良商家过于追究低成本的表现。2005年，“三鹿”品牌被世界品牌实验室评为中国500个最具价值品牌之一，2006年位居国际知名杂志《福布斯》评选的“中国顶尖企业百强”乳品行业第一位，经中国品牌资产评价中心评定，三鹿品牌价值达149.07亿元，2007年被商务部评为最具市场竞争力品牌。然而就是这样一个风光无限的巨型品牌、中国首批国家级农业产业化龙头企业，为了不丧失奶源的控制，不断接受质量低下的原奶，为了降低成本顺利通过蛋白质含量检测，加入有毒化工原料三聚氰胺，终于在2008年5月东窗事发，仅在7个月内瞬间倒闭。当大型企业、名牌企业都在这样做时，那些没有底线的小企业更是变本加厉，各种“毒物”充斥市场，导致整个行业乌烟瘴气，农产品品牌建设堪忧。

三是品牌建设存在误区。品牌是一块金字招牌，是获得高额附加值的通行证。品牌承载的更多是消费对其产品以及服务的认可，是一种品牌商与顾客购买行为间相互磨合衍生出的产物。创建农产品品牌的意义主要在于，农产品品牌能够满足消费者对安全食品的需要，增强消费者对农产品生产者的信任、减少交易摩擦，最终实现消费者与企业的价值共赢。

目前，在品牌化趋势的影响下，我国各地区出现了中国农产品品牌，在一定程度上提高了农产品的附加值，但是品类过于繁杂，甚至同类产品能够衍生中数十种品牌。这样的品牌建设有很多缺陷：商标小而多，消费者难辨识、记忆；企业塑造的品牌越多，力量就越分散，很难做出大品牌。另一误区是认为塑造品牌就是包装好、广宣传，停留在表面，品牌附加值低。

农业产业化经营是品牌农业发展的根本出路

面对品牌农业建设的各种问题，最根本的解决方式是农业生产方式的变革，即农业产业化革命。所谓农业产业化是指以市场为导向，提高比较效益为中心，依靠农业龙头企业带动，将生产、加工、销售有机结合，实现一体化经营的农业。农业产业化的实质就农业产业革命。

农业产业化的基本特征是专业化、规模化，要求把小而分散的农户组织起来，扩大规模，进行区域化布局，专业化、标准化生产。这就解决了品牌农业建设与农户经营规模狭小、分散经营之间的矛盾。

农业产业化要求农业的生产经营主体企业化，不仅农业产业的龙头企业应是规范的企业化运作，而且其农副产品生产基地为了适应龙头企业的工商业运行的计划性、规范性和标准化的要求，应由传统农业向规模化的设施农业、工厂化农业发展，要求加强企业化经营与管理。龙头企业在农业产业化发展中居于核心地位、起着主导作用，同时也是发展品牌农业、建设优质农产品品牌的主力军。

以龙头企业为主体，通过纵向一体化来建设完整的农业产业链条，可以责任明确、利益清楚、降低交易成本。龙头企业是农业产业链条中实力最强的主体。拥有更加超前的经营理念、现代化的技术水平、强大的资源整合能力，同时处于整个链条的中间，业务交叉更多。因此，农业龙头企业建设品牌农业最为合适。只有龙头企业打造出终端型品牌，农业产业化、品牌化才算初步整合优化了产业链，带来品牌溢价、品牌附加值。凡是龙头企业终端品牌打造成功的行业，都是我国农业竞争力相对较强的。例如，因为张裕的存在，中国葡萄酒行业与世界同步发展；因为鲁花的存在，花生油企业就成为花生为农民增收的一个稳定保证。

第四节

从农民到农场主，新农人掘金农业市场

过去的几十年间，全世界的农业普遍不景气，农民务农只是糊口而已，但随着国内城镇化水平的提高，农业技术的不断革新，再加上食品安全问题的频发，促使消费者对安全、绿色、健康农产品的需求日益增强，供需出现严重失衡，优质农产品价格持续上涨。毫无疑问，农业将成为未来30年十分有“钱”途的领域。

洞悉这一商机的企业家们扎堆儿务农，使得我国农业的经营主体发生了变化，具体表现在以农业专业大户、农民专业合作社、农业企业、新农人为代表的新型农业经营主体日益显示出发展生机与潜力，已成为中国现代农业发展的核心主体。而这些农业经营主体在发展农业方面，十分重视农业品牌的建设和运营，显然已成为品牌农业建设的主力军。

联想控股初入现代农业，认为首先就是要把品牌做出来，并将联想控股的农业板块运作模式总结为“三全”：全链条控制、全球化布局、全程可追溯。全链条控制即联想要全面控制农产品的种植、冷链、运输、销售等各个环，全球化布局则是在全球多地掌握优质资源。

联想控股于2010年7月正式成立农业投资事业部，在2011—2013年间投资了两家企业：山东佳沃农业，主要生产蓝莓，四川中新农业，主要做猕猴桃，都属于高端水

果产业。这两家企业都有上万亩的优质农业基地，能够保证后期规模化的生产供应，同时技术研发实力强，联想接手之后只要考虑品牌营销的问题就可以了。柳传志表示，“如果一个企业，真是能把牌子打出来，让人相信你的话，这牌子是值钱的，这里面是可以盈利的。”联想控股农业板块——佳沃集团的总裁陈绍鹏也认为，佳沃的利润来源是管理、技术和品牌。

到2014年，佳沃集团初步完成了从水果到葡萄酒再到茶叶的全产业链布局，并启用统一品牌“佳沃”。陈绍鹏表示，联想农业最终会蜕变成一个产业链里面的品牌服务商，变成一个品牌公司。

从农户到农场——未来农业经营新模式

随着我国城镇化进程的快速推进，城乡人口结构、就业结构、社会结构深刻调整，以家庭农场、农民专业合作社和农业企业为代表的新型农业经营主体日益展示出巨大的生机与潜力，已成为我国现代农业发展的重要主体。农业经营主体是指直接或间接从事农产品生产、加工、销售和服务的任何个人和组织。党的十八大报告指出：“培育新型经营主体，发展多种形式规模经营，构建集约化、专业化、组织化、社会化相结合的新型农业经营体系。”新型农业经营主体主要包括专业大户、家庭农场、农民专业合作社、农业企业等，它们是建设现代农业的微观基础。

（1）种养大户：是指围绕某一种农产品从事专业化生产，从种养规模来看明显大于传统农户或一般农户的农业生产者。

（2）家庭农场：是指以家庭成员为主要劳动力，从事农业规模化、集约化、商品化生产经营，并以农业收入为家庭主要收入来源的新型农业经营主体。2013年1月，2013年中央1号文件首次提出发展“家庭农场”的政策。

（3）农民专业合作社：是在农村家庭承包经营基础上，同类农产品的生产经营者或者同类农业生产经营服务的提供者、利用者，自愿联合、民主管理的互助性经济组织。农民专业合作社以其成员为主要服务对象，提供农业生产资料的购买，农产品的销售、加工、运输、贮藏以及与农业生产经营有关的技术、信息等服务。

（4）农业产业化龙头企业：是各级政府对农产品加工或流通行业中的大

型企业的一种等级评定。龙头企业是我们国家重点扶持的企业，是行业中的标杆企业，国家每年的投入资金会相应的进入到这些企业中来。农业产业化龙头企业是我国品牌农业建设的核心主体。

商界大佬“务农”争先恐后

这一现象与中国食品安全问题日益受到重视和农业品牌化发展趋势越来越明显紧密相关。褚时健和柳传志作为商业领域的领军人物，具有较大影响力，若代言自家农产品可以迅速提升知名度并打开市场。显而易见商业人物代言农产品效果显著，正在逐渐成为一种潮流，加入者也逐渐增多。褚橙、柳桃的产生主要是个人或者企业看好农业发展前景并涉足农业。

虽然目前这些商界大佬介入农业板块的案例有限，但丝丝变化正在撬动传统农业的思维和格局。

事实上，有着商业人物的代言，其品牌号召力被无限放大了。借助褚时健励志故事的宣传，“褚橙”成为了去年最令人瞩目的营销传奇之一。2013年11月11日一天，“褚橙”的预售量便超过了前年全年的总销量，达到了200吨。

而另一个值得关注的变动就是传统农产品销售模式遭到了撼动。一直以来，传统农产品有着多重的生产流通环节。比如农民在田间种了之后，有专门的中介上门收购，然后拉到产地批发市场，再由产地的批发市场运到销地的批发市场，再进入农贸市场、超市等消费者购买的渠道。因为流通环节多，让整个流通链条的监控显得异常艰难。然而现在“褚橙”“柳桃”“潘苹果”不约而同开设了电商平台。网购B2C模式具备很大的优势，它减少了中间的流通环节，使农业整体流程更加透明。

2016年，我国电商交易额突破20万亿元，占社会消费品零售总额的比重超过10%，体现了网络销售的巨大潜力。这揭示了一个新时代的果蔬产供销模式的到来，健康、安全、知名、直销的果蔬更受欢迎。

就目前而言，名人涉足农产品行业可以归纳为两种模式：一种模式是如“褚橙”“柳桃”，商界大腕们跨界投资，自己投入做研究、上游的种植生产，甚至连下游销售链条都自己“包办”。另一种模式是像“潘苹果”一样，由潘石屹做代言、推广和销售。

这两种模式的风险可控性也呈现出了不同的特征。

相对其他行业而言，经营农业需要较长时间、面临较大风险。“柳桃”模式中可谓是全产业链经营，一定程度上能够保障产品的质量和终端销售，若经营良好有望获得较多收益，此模式中前期生产、消费群体定位及渠道开拓均是重点，缺一不可。至于潘苹果模式，其仅是代言、推广和销售，由于其对终端消费者负责，所以其对上游生产的把控相当严格。否则丢失产品质量，产品推广以及名人名誉均会受到损失。

互联网农业不再是概念

与互联网的一日千里、千变万化相比，农业显得安静祥和、不紧不慢。然而，两者在慢慢融合。甚至全国人大代表、新希望集团董事长刘永好也表示，要用互联网精神做现代农业，进行变革和创新。

互联网农业是解决"三农"问题的新法宝、未来现代农业发展的方向就是互联网农业，农业只有与互联网有效地结合才能成为现代农业。

互联网农业是现代农业与现代物流的组合，它将使农业从订单、融资、生产都有互联网和物联网的支撑下得以实现。

互联网人集体务农并非是猜测的那样用农业概念炒作地产，务农可以理解为线上竞争白热化的线下延续。农业的特性在于，不是可有可无的消费，而是关乎生命的必需品。电商、网游、即时通讯、社交媒体等虚拟世界里的跑马圈地大局已定，未来的机会在于与传统产业相结合。

对于互联网来说，跨界到哪个行业，取决于不同公司对消费市场的理解，当前农业显然是其中的一个最佳选择。县域经济将会成为中国经济发展的重要引擎，而县域经济中现代农业会是重要支柱，这个支柱要依托的正是互联网，现代农业通过互联网将发挥订制、产、供、销等一系列渠道作用。值得注意的是县域也是城镇化进程的主要阵地，这为互联网人提供了更加广阔的市场前景。

互联网缩短了农业生产者与消费者的距离，以后借助大数据，还可以精准生产，避免农业的供需不对称的状况。

如果互联网农业得以实现，金乡大蒜“蒜你狠”、寿光生姜“姜你军”这些都不会再出现。

第三章
中国品牌农业千载难逢的商机

机会之所以是机会，就是因为大多数人看不到它是机会。

政府的引导、消费市场发育成型、农民利益的维护以及跨国公司的教育等原因推动着中国农业品牌化的进程。巨大的市场容量、宏观层面对农业的宽松、高额的附加值，吸引着众多资本投资开发农业。

注重价值的消费者不再局限于选择廉价的农产品，他们已经将价格因素排除在外，越来越倾向于根据安全性、营养价值性和品牌信誉做出选择。

在这场史诗般的农业演变过程中，中国必将诞生世界级的企业和品牌。

第一节

农产品品牌化需求与品牌缺失带来的商机

在品牌化消费革命影响之下，消费者对于品牌农产品的需求越来越旺盛，但我国大多数农产品食品还处于无品牌阶段，名牌农产品食品更是凤毛麟角。行业品牌空白、品类品牌空白、区域农产品品牌空白等品牌缺失问题已成为中国品牌农业发展的最大短板。

品牌农产品食品的严重空缺与消费者对于品牌农产品食品的渴求，造就了中国独一无二的品牌农产品食品市场，蕴含了未来三十年的最大商机。其主要表现在三个方面：一是市场空间巨大，中国是拥有13亿人口的超级市场，加上中国独有的“吃文化”，每一种农产品食品都会成就品牌奇迹；二是农产品食品品类众多，我国幅员辽阔、气候多样，农产品食品品类资源十分丰富，品类是品牌生长的土壤，每一个农产品食品品类都有成长为大品牌的机会；三是我国农产品食品市场存在着进入门槛低、竞争水平低、品牌集中度低、市场混乱等弱点，然而正是这些弱点给予了后来者整合行业、重建标准和壁垒、创立强势品牌、提高竞争水平和成为行业领导者的机会。

作为有远见卓识的农产品食品企业，面对品牌农业带来的巨大市场和发展机遇，唯一要做的就是要抢先一步、填补农产品食品品牌空缺、占据农产品食品品牌发展的制高点，付诸行动将企业和品牌做大做强，赢得消费者的青睐。

第二节

产品同质化与消费需求价值化带来的商机

消费水平的提高、消费升级、农产品食品供应的不断丰富，使得消费者对农产品食品的购买需求实现了多层次、多样化、个性化的改变，食品安全问题更是促使消费者倾向于选择安全健康价值更高的农产品。而现实的情况是，我国农产品食品的生产和供应并没有满足消费者日益增长的农产品食品价值化需求。最根本的原因是农产品的同质化程度非常高。首先是口感、营养价值等内在品质趋同；其次是外在形象严重同质化，尤其是未经包装的初级农产品；还有就是，农产品食品企业的经营思路、竞争方法、生产方式、产品线设置等方面也高度相似。

一方面是消费者的个性化、价值化需求，另一方面是严重同质化的农产品市场，给予农产品食品经营者的机会就是，通过差异化来提升农产品价值，就能摆脱同质化竞争、赢得市场，而且这个提升空间是巨大的。农产品食品经营者可以通过品种改良、生产技术提高、品质监控、精深加工等手段实现农产品的内在品质差异化；也可以通过包装、形象展示、赋予文化内涵等方法实现农产品的外在表现差异化；还可以通过品牌塑造、市场定位、价格定位、目标人群设定等途径来区别于竞争对手的产品。

第三节
区域品牌资源向企业主体品牌资源转化的商机

2017年中央1号文件里面被多次提及特色产业，特色农产品：“实施优势特色农业提质增效行动计划，促进杂粮杂豆、蔬菜瓜果、茶叶蚕桑、花卉苗木、食用菌、中药材和特色养殖等产业提档升级，把地方土特产和小品种做成带动农民增收的大产业。”“开展特色农产品标准化生产示范，建设一批地理标志农产品和原产地保护基地。”

2017 年中央 1 号文件还明确了提出“推进区域农产品公用品牌建设，支持地方以优势企业和行业协会为依托打造区域特色品牌，引入现代要素改造提升传统名优品牌”。

在我国，由于地理环境、历史人文的不同，几乎每一区域都有蜚声中外的名优特产。然而很多名优特产并没有发挥出应有的品牌效应，还处于“有名无牌”的阶段——知名度高但品牌化程度低。知名度高是源于消费者的口碑传播，这是企业打开市场的现成优势条件，必须抢占；品牌化程度低则是根源于品牌经营和受益主体不明确，企业难独占。因为农产品区域品牌是公用品牌，其特征就是共享性，是特定区域内相关机构、企业、农户等所共有的，区域农产品的品牌开发、管理、收益往往不是同一主体，品牌农产品带来的经济效益，其受益者不仅仅是单个经营者，而是所有区域品牌农产品经营群体。当品牌共享、品牌主体模糊时，做品牌也好不做品牌也罢，大家都能“利益均沾”，品牌就会成为“公共牧场”，会被企业、农户等主体“滥用”，却得不到应有的保护，这时区域名品很可能就会成为区域“差品”。

如何才能发挥出区域名品的资源优势，真正造福于消费者和经营者？最好的方法是将区域品牌资源向企业主体品牌资源转化，即明确企业是区域品牌的经营主体和受益主体。关键问题是区域名品的共享性特征使企业不可能成为区域品牌的唯一受益者，企业不可能独占区域农产品的品牌效益。企业的出路在哪里？抢占消费者心智资源。如果从法律层面讲，区域名品例如烟台苹果、胶东牛肉、诺顿火腿等农产品公共品牌资源，企业是不能独占的；但是企业可以抢占区域品牌的消费者心智资源。区域农产品为什么会成为名品？是因为其独特的地理环境、产品品质、历史人文等特点在消费者心中留下了美好印象。企业只要将这种美好印象据为己有，即抢占消费者心智资源，就会赢得市场。例如龙口粉丝，是烟台龙口一带的地域名品，龙大集团看准了龙口粉丝的经济效益，通过各种传播方式宣称“龙口粉丝龙大造”，使消费者认为龙口粉丝就是龙大集团的产品，龙大集团牢牢占据了消费者的心智资源。

然而区域品牌不仅仅具备产地资源、口碑资源，还有品类资源，每一个名优特产都是一个农产品食品品类，品类是造就伟大品牌的基础，企业抢占了区域名品的品类资源一定能塑造出伟大品牌。我国的地域名品资源多数还处于未开发状态，其中蕴含着巨大的市场机遇，等待着企业家们的探寻并标明印记。

第四节

高端食品和餐饮服务品牌对高品质原料需求带来的商机

现在有很多农产品食品经营者认为，只有经过加工后的产品才是真正的“商品”，才配有品牌，而在田间地头的初级产品就没有那么多讲究。从国内市场来看，长期以来，农产品食品企业“重数量轻质量”的经营意识根深蒂固，特别是为食品企业、餐饮连锁机构提供原料的农产品食品企业，生产技术落后、疏于品质监控，生产出的产品质量差甚至存有安全隐患。近几年来，我国食品安全问题的频发，都是源于农产品原材料的劣质，“三鹿”垮台源于奶源有毒，双汇因瘦肉精而遭受诟病，福喜过期肉事件使得肯德基、麦当劳2014年业绩预期下滑。更为严重的是，上海福喜的食品安全问题被曝光后，包括日本企业在内的亚洲企业放弃中国转而从泰国采购鸡肉，泰国最大的肉类和饲料生产商正大食品(CPF)总裁称，出口需求增加令泰国肉类价格上涨，可能帮助CPF2014年的获利增长达到15%，超过其10%的目标。如果我国的经营者再不把提升初级农产品品质和安全性作为重点工作，只能把我国巨大的农产品食品消费市场拱手让给别的国家。

2017年中央1号文件第一章第五节整段讲了农产品质量和食品安全问题。文件指出，坚持质量兴农，实施农业标准化战略，突出优质、安全、绿色导向，健全农产品质量和食品安全标准体系。健全农产品质量和食品安全监管体制，强化风险分级管理和属地责任，加大抽检监测力度。建立全程可追溯、互联共享的追溯监管综合服务平台。

中央1号文件的政策引导对涉农企业来说正是一个机遇。食品安全问题的频发和消费升级，使消费者不只看最后呈现在眼前的产品，更考究食品原材料的品质，如是否安全、营养健康等，高端食品品牌和餐饮连锁等服务品牌有了空前的发展机遇，对高品质农产品原料的需求也会增加。谁能够为高端食品企业和餐饮服务品牌提供更优质的原材料产品，谁就把握了商机。

第五节

互联网时代带来的农业品牌迅速崛起的商机

品牌建设已成为农业经济发展不可逆转的趋势，但是举步维艰的渠道建设、高昂的传播费用以及信息不对称带来的产销不平衡问题，使农产品食品经营者在塑造品牌时一筹莫展。

"褚橙""柳桃""三只松鼠"等互联网农业品牌的迅速崛起，让传统农业企业看到了希望。互联网与农业，一个现代一个传统，但通过互联网技术以及思想的运用，可以从金融、生产、渠道、传播、销售等各个环节改造传统农业，并塑造出新型互联网农业品牌。互联网时代的电商平台既是渠道平台，也是传播平台，同时也是信息平台，传统农产品食品企业通过不断提升互联网思维能力、运用好电商平台，从很大程度上可以解决传统农业生产营销方式带来的诸如渠道、传播、信息不对称、品牌建设等各种问题。

"褚橙"通过本来生活网、有机网等电商平台用了不到一年的时间就红遍了大江南北，并成功将销路扩大到了全国22个城市，销量大幅提升；在天猫上卖坚果的"三只松鼠"，从品牌创立到实现月度销售额突破1.6亿元仅仅用了23个月，成为坚果品牌的翘楚。如果没有互联网，这些品牌奇迹将不复存在。

随着农产品食品网购的逐渐普及，将农产品食品搬上电商平台，运用互联网的思维建设农产品食品品牌，有着巨大的商业潜力和发展机遇。网易、联想、九城网络、京东、奇虎360等互联网公司纷纷进军农业，无一不是在抢占商机！要实现品牌的迅速崛起，传统农产品食品企业融入互联网已是大势所趋。

第二部分

涉农企业战略性思维

第四章
品牌农业大革命时期的战略性思维

互联网时代、农业大革命新时期，新的消费方式、新的销售模式下，企业需要一种全新的战略性营销思维。战略性思维是跳出行业看行业，跳出专业看专业的营销思维，包括产业链思维、互联网思维、跨界思维等，有宏观的思想高度、有中观的思维体系和微观的执行，构成清晰的战略体系保障营销目标的实现。

第一节

食品行业战略性思维

中国食品工业是我国国民经济的重要支柱产业，对推动农业发展、增加农民收入，改变农村面貌，推动国民经济持续、稳定、健康发展具有重要意义。

当前，中国食品工业存在的主要问题：一是食品安全问题时有发生；二是食品价格涨幅较大；三是科技投入少，传统食品离“三化”（优质化、营养化、功能化）的要求还有很大差距。

当前，我国食品安全形势总体有所提升，同时我们必须清醒地认识到，我国食品安全面临的形势依然严峻，主要表现在：重大食品安全事件时有发生；食源性疾病和群体食物中毒事件也有发生；食品质量不合格、不达标问题比较突出，食品安全隐患仍大量存在；食品、保健食品虚假广告误导消费者的现象比较普遍；环境污染造成的食品安全问题不容忽视。食品安全依然是我国消费者的最大关注点。

从三段式经营走向全产业链控制

在现阶段，中国的农业大部分还处在家庭分散经营的背景下，在相当一段时间内，农业经营以小规模家庭经营为主，是一个现实状况，不是短时间能够改变的。食品安全的源头往往在农产品生产的源头，比如：种植的农民缺乏科技常识，不了解化肥农药的使用；养殖农户不了解饲料的配比，不知道哪些不能用，用了会有什么后果，导致他们在种植和养殖过程中，化肥和农药使用的随意性。这些都给食品安全带来隐患。

农产品具有非标准化、质量安全要求高、产业链环节多且相互影响等特点。农业全产业链模式可以有效解决农业产业结构升级、食品质量安全以及农业企业竞争力提升等问题。美国肉制品巨头史密斯·菲尔德等实施农业全产业链模式取得了成功，中国中粮集团等食品巨头也开始推行全产业链发展战略，从根本上解决食品安全问题，尽可能从农业产业链中获取更高附加值。

农业产业链接体系既涉及农、林、牧、副、渔各业之间的链接，也涉及第一、第二、第三产业之间的链接，是农产品从生产到销售的产业链接体系。

当前，我国农业发展全产业链遭遇到一些问题，其主要表现为：

一是产品结构趋同，由于研发能力有限和产品创新不足，导致我国农业企业产品主要以中低档为主，造成全产业链模式的资源浪费。二是市场定位趋同，企业之间的竞争主要靠价格优势，造成企业利润下降。个别企业为了提高利润，不惜降低原材料的质量，给食品安全带来了严重的隐患，不利于农业产业链的长期健康发展。

三是农业产业链中龙头企业的管理能力不足。农业龙头企业的管理能力跟不上全产业链模式的扩张需要，无法产生良好的规模效应和协同效应，从而制约了全产业链模式的发展。

食品行业要健康发展必然产业化与全产业链控制的路子

农业全产业链模式是在中国农业产业结构升级和食品安全要求不断提高的背景下产生的一种新兴的农业经济发展模式。

所谓农业全产业链模式是指农业龙头企业对上下游企业进行资源整合而形成的产业链体系，通过对农产品原料获取到终端消费等多个环节进行系统管理和有效控制，以最大限度地挖掘产业链价值和确保产品质量安全，实现客户与企业利益最大化的一种发展模式。

中粮集团的“全产业链”包括稻米、小麦、大麦、玉米、油脂油料、饲料、肉食、糖和番茄九条产业链。现在，全产业链的管理理念已经从食品产业复制到纺织、新能源、媒体等行业。

作为农业企业，只有控制了全产业链，才能控制自己的命运。而从目前的实际情况来看，农业企业普遍规模小、带动力差，只有依靠一些大型龙头企业主导、不断整合资源、提高竞争力，加大产业聚集力度，强化对于产业链条的掌控。否则，农产品价格和企业利润都无法保证，食品安全更是无从谈起。

2013 年 9 月，中国双汇国际 71 亿美元收购美国食品公司史密斯菲尔德的并购交易正式完成，这次海外收购案标志着中国农业产业的并购已经从国内延伸到海外，而且，继续演绎的是全产业链发展模式。

借助此次并购，双汇可以最终形成从生猪养殖、加工到市场营销的全产业链。

品牌化经营占领消费者心智中的价值高点

食品品牌营销的价值梯次。

食品行业是品牌发展最成熟也最丰富的行业之一。伴随着现代农业和食品工业的发展，食品品牌化发展已成为行业共识。同时，食品行业也面临更严峻的竞争：经济回落、同质化严重，价值频频爆发的食品安全危机，都引发着我们对于食品行业品牌突围的思考。

如今，消费者对于食品消费有了更高的要求和期望，一路走来，食品品牌的发展大体经历了四个发展阶段：

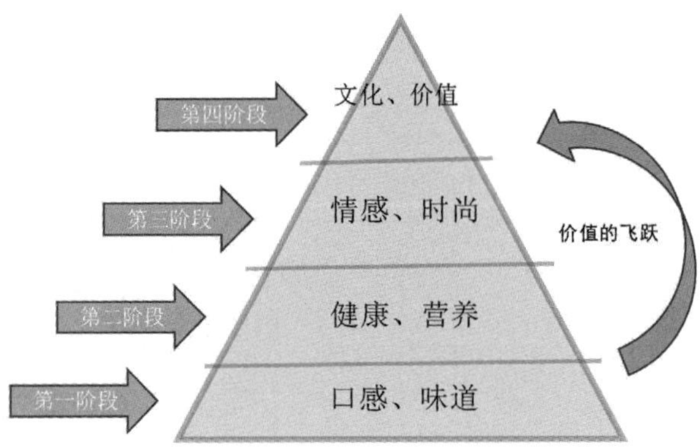

食品品牌价值四个阶段

最初的发展阶段是“口感为王”

食品品牌的起家大多是从小企业做起，一家做水饺的小企业发展成了思念集团，一家做食油的小企业后来成为鲁花集团……开始品牌化路子的时候，其主要的卖点无非是产品的风味和口感，“思念水饺，想家的味道”；“鲁花花生油，滴滴鲁花香”；“味道”“香”这样的诉求在众多的食品中屡试不爽，“雀巢咖啡，味道好极了！”“康师傅，就是这个味！”在超市的食品专柜，类似的诉求不在少处。

上面看到的都是成功的大品牌，实际上，不是做这样的诉求就能够成功，品牌的形象和诉求是一个系统。同时，雷同和跟风的现象比比皆是，食品品牌如果再说口味已经很难笼络消费者的心了。

第二个发展阶段是“健康制胜”

食要讲健康，这是养生的根本。由此，许多食品品牌瞄准了“健康”这个诉求点，金锣：“引领中国健康肉制品”；河南功夫烩面：“烩补老汤好滋胃”；白象方便面：“大骨营养美味”。尤其是保健食品，几乎都在健康营养方面做文章，确实吸引了大批消费者的目光。

第三个发展阶段是“情感美丽”

这个阶段属于精神娱乐层次，人们在满足了基本的生理和安全需求之后，精神上的需求便随之而来。互联网带来了人们精神和思想的进一步开放，追求独立和自我，个性释放，成为今后主流消费群体的选择。许多食品诉求“吃出来的美丽”“每天你都在变年轻”“窈窕身材吃出来”“可以吃得时尚”……

最好吃的莫过于慰藉心灵的食物。

看过《舌尖上的中国》第一季的人，记忆犹新的不仅仅是那些让人咽口水的美食，还有一个“情”字。将视角从美食延展至中国人日常生活中的衣食住行等各个方面，传播蕴含在中国人生活之中的中华美食文化。每当独自一人加班到深夜，下班遇到一家还开着灯的小店，也没什么客人，做的东西又还不错，那种莫名的愉悦由此而生。快乐、美食就在这一刻自然碰撞。虽然这些年，讲养生、说健康，又有谁可以真正抗拒美食的诱惑呢?

“最好吃的是能慰藉心灵的食物”，让再普通不过的民以食为天成为了精神慰藉。在异国他乡想念家乡的味道，在霏霏雨夜思念和情人共享美食的味道……美食本身的果腹价值已削弱，更多的是带着一种心情的享用。

第四个发展阶段是“梦想与价值”

浮躁的社会充斥了太多的负能量，人们面对生活往往感到愤怒、厌烦、失望、担忧、抱怨……如今消费者在选择产品的时候，购买的不仅仅是一件商品，同时也是在购买一种态度与价值。星巴克在全球30多个国家并没有做大规模的广告投入，但却成功地打造了一个咖啡帝国。如果你认为它仅仅是在卖咖啡，那就错了。他们其实卖的是一种舒适快乐生活方式，为都市白领打造一片生活的绿洲。现在的消费者爱“做梦”、爱“探索”，食品企业通过打造有品位的生活文化，用正能量与消费者的情感进行互动，从抓住消费者的味蕾到抓住消费者的心，将成为引领消费趋势的制胜武器。

第二节

基础农产品行业（种植、养殖）的战略性思维

品牌农产品的需求收入弹性较大，即随着消费者收入水平的提高，消费者会倾向于购买品牌农产品；另一方面，品牌农产品的需求交叉价格弹性较低。这两方面就使农产品面临较大的市场机遇。因为，随着人均收入的提高，社会对同质性强的农产品的需求不会随收入的提高而同步增长，而对不同质的农产品的需求却会高速增长。

例如，法国是一个工业发达国家，同时也是一个农业大国，农业总产值占欧盟的四分之一，在欧盟各国中遥遥领先。农业在法国国民经济中已成为一个重要产业。随着食品种类的层出不穷以及消费者要求的提高，消费者在挑选产品时，首先关注产品的品质，其次关注产品的口味和传统工艺，这一切完全是凭借产品品牌来做出决定的。

农产品不能再“裸奔”，披品牌“锦衣”闯市场

在三夏生产如火如荼地进行时，今年新产季的新土豆也陆续收获，山东、河北、河南、江苏、辽宁等主要产区均有新土豆上市。随着上市量的增加，随之而来的是销售问题。据报道，湖北荆州的土豆上市迟，卖不上好价，三十万斤 * 土豆愁销路，而山东滕州土豆，做足了生产、销售和文化营销的功夫，并

* 斤为非法定计量单位，1 斤＝500 克。——编者注

不愁卖。不仅区域间有差异，就在一个市，差异也很明显。河南南阳的新野、邓州等土豆主产区，土豆价格大跌、地头积压很严重，而与此相反，南阳宛城土豆销售却不发愁，这是因为宛城土豆有规模、有商标、有品牌、有口碑。

两相对照，土豆的销售行情和价格不仅仅和土豆集中上市有关系，还与规模、口碑与品牌有关，即使是土豆这样的大路菜，品牌建设也是生产者和经营者必须关注的课题。

推而广之，"裸奔"的农产品出路堪忧，农产品上市要有名有姓、有包装、有商标、有认定、有品牌，只有这样，市场才能认。

食品企业对产品的品质化控制

不断涌现的世界著名农业品牌拉动经济快速增长，增强了经济综合实力。目前，国际市场上名牌所占比例不到3%，但市场占有率高达40%，销售额超过50%，个别行业超过90%。成为行业龙头品牌企业，同时还"繁衍"出企业群落。企业集团直接进入市场，从事大规模农业生产，并将农业生产、产品加工、储运、销售以及生产资料的生产与供应结合为一体，形成完整的经济体系。

龙头品牌成为开拓国际市场的利器，农业国际品牌拉动了世界经济的强势增长，名牌规模效应和资源优化配置作用发挥明显，改善了农业产业结构，提高了农业经济的整体素质。

比如法国"达能"，法国劳工部长波尔卢表示：法国有大量的农场主以及中小型企业依靠给达能供应初级产品过活，"达能"对于法国的意义"比珍宝还要珍贵"。

信息技术带来的稳定化生产

近年来，关于"农产品滞销"的新闻似乎越来越多，据相关报道统计，从茄子滞销、洋葱滞销、芹菜滞销、卷心菜滞销、白菜滞销、莴笋滞销到土豆滞销，滞销现象不断。农产品丰收却卖不出去，几乎每个省份每年都会遇到这个问题。对于农产品滞销，政府部门也在想方设法采取措施应对，但中国的农产品滞销问题仍然没有得到根治。

到底是什么原因，导致这种现象层出不穷？

产销信息不对称，市场行情难把控

农产品滞销，除了难以预测的天气因素影响外，更多原因是产销脱节。由于获取市场信息的通道闭塞或市场行情预判能力不高，农民容易受当前价格引导，进行盲目种植或生产，造成供大于求的局面，从而导致滞销现象。

归根结底，还是中国农业的小农经济根源深厚，难以形成规模化经营，市场存在信息死角，也没有健康的调节机制。另外整个行业没有一个宏观的产量预期，供需脱节严重。

互联网信息技术正在引领中国农业第三次变革

信息技术应用日渐广泛,传统农业生产经营面临新变革,农业生产的标准化和现代水平不断提升,产品营销更加快捷。由于农业生产经营中的“小”“散”“乱”现象仍存在,农业信息化涉及部门多,缺乏顶层设计和协调推进等问题,制约了农业信息化和现代化推进。

传统种植基本依靠个人凭经验，现在交给“鼠标”，工作人员通过物联网收集数据，根据需要自动浇水、通风。通过传感器获取环境温度、湿度等农作物、养殖物的生长状态数据信息，对生长情况及时作出判断，合理施肥、栽种养殖，从根源上减少农药使用次数，降低环境污染，提高农产品质量。此外，通过对每一个农产品全程跟踪，实现了农产品质量安全的可追溯。

这些补充物联网给农业生产带来巨大变化,电子商务给农产品销售带来新变革。来自中国社科院信息化研究中心的研究显示,市场驱动、社会投入、基于第三方交易平台的“自下而上式”农村电子商务异军突起。电子商务不仅解决农民就业,还能将小生产与大市场对接,解决多年来困扰农民的农产品“卖难”问题。

品牌突围：以工业思路做农业品牌

品牌是发源于现代工业体系中市场营销的概念，如今，农产品领域品牌被一再地提起，农产品如何做品牌？能不能沿用工业品做品牌的理论和方法?

答案是肯定的。

用抓工业的办法来抓现代农业发展，借鉴工业的组织形式培育市场主体是基础，运用工业生产方式组织农业生产、加工、流通与推广，是推动现代农业发展的关键所在。

用抓工业的办法来抓现代农业发展，科技创新驱动是引领和支撑，高质量的农田水利建设、高标准农田的建设以及农业机械化的运用与普及，也是必不可少的条件。

用抓工业的办法来抓现代农业发展，农业科技人才的帮助和新型农业农村人才队伍的建设则是不可或缺的重要一环，解决了“谁来种地”的问题，才能化解“粮从何来”的难题。

冬草莓“身价飙升”的背后

从20世纪80年代开始，双流农业种植户就引进优质草莓品种，根据当地独特的气候、土壤、耕作制度和栽培习惯，结合先进栽培技术，培育出的特色冬草莓，已经成为一枝独秀的特色品牌

春节前，寒风依然凛冽，可培育在温暖大棚里的双流冬草莓却是红果绿叶，一派春意盎然的景象。

细心的市民却发现，今年的双流冬草莓与往年更有不同，除了普通草莓，还出现了牛奶味、柠檬味、巧克力味等新品种。虽然小小草莓的外观改变并不大，但口味的变化，却让这些原本只能卖五六元钱一斤的普通草莓摇身一变成为了每斤三四十元的水果新贵。

如今，从成都到北京的超市，再到日本、新加坡、俄罗斯的市场，都有双流草莓的身影。连刚刚进驻IFS成都国际金融中心的香港草莓主题甜品店，其草莓原料据“爆料”也是来自双流草莓基地。双流草莓的扩张路看似一路顺风，其实并不平凡。

早在20世纪80年代，双流县的农业种植户就开始了草莓引种。从“春香”“利红”两个草莓优质品种，到后来的“丰香”，根据双流当地独特的气候、土壤、耕作制度和栽培习惯，挖沟渠、引活水、改良土、建标准化生产示范基地，再结合从日本引进的栽培技术，双流冬草莓一跃成为了一枝独秀的特色品牌。

以前，双流冬草莓栽培规模较小，农户分散种植，在获得国家地理标志产品保护后，当地相关部门组织成立了草莓专业合作社，采用“合作社＋农户＋标准化”生产经营

模式发展会员、带动农户。现在，双流县已经在兴隆、合江、永兴、三星、大林等镇重点建成冬草莓有机示范基地1600亩，构建了科技支撑体系。而按照振兴计划，已经进入“有机时代”的双流冬草莓将在今年底达到总产值20亿元以上。

从双流冬草莓的成功案例中我们可以发现，科技的创新，人才的支撑，基础设施的建设，这些现代工业发展必不可少的重要因素，对现代农业的发展也有着功不可没的重要影响。

不仅是冬草莓、苦荞茶，许许多多成功走向市场的知名农产品发展路径抑或相同——正是用抓工业的办法来抓现代农业发展，推动农业发展向规模化、高端化和品牌化转型升级的价值所在。

荷兰：小国大农业，“三招”强品牌

荷兰是欧洲的一个小国，却是全球农产品出口的大国，是除美国之外的第二大农业出口大国。这个人口与北京人口差不多，国土面积不到4.2万平方千米的小国家，在农业上却是首屈一指的，每年的净出口金额300多亿美元。荷兰之所以由资源小国成为农产品品牌大国，得益于近几十年来一直根据国际市场培育自身的农产品核心竞争力。荷兰农产品品牌塑造有以下三点特别值得学习：

其一是以拍卖场为中心吸引各类买家。荷兰的拍卖场在全球知名。拍卖场有许多妙用，最大的妙用可以使价格透明，使各类买家放心。除了这个传统的职能外，拍卖场的职能早已进行扩展，包括对产品的分类、分级、质量和包装等标准化管理，提供各种储存设施和冷库设备服务；除了拥有各种现代化的拍卖销售设施外，它还具有市场研究、销售管理、海内外促销等职能，并提供购销信息服务以及完整的银行决算、交通运输服务，所有这些都大大便利了进口商。

其二是快捷的传递系统。为了使鲜花能及时地送给客户，便捷的交通运输相当关键。荷兰花卉的拍卖市场和运送系统非常发达，堪称世界之最。在荷兰，花卉拍卖市场共有7个，分布在不同地区。拍卖市场一般是由各园艺公司所共同拥有的股份联合体，各个成员公司按章程规定将自己的花卉产品交由拍卖市场出售，世界各地的购买商在拍卖市场登记注册，便可使用拍卖市场提供的各种设施。拍卖市场所有的花卉产品都通过拍卖大钟成交，各种不同品种、不同规格鲜花的数量、价格都在拍卖钟上显示，当购买商看中某种鲜花并决定以拍卖钟显示的价格购买时就按动按钮，电脑进行各项后道程序的处理，当天就包装运送到附近的尔伯国际机场，保证第二天就能在世界各地的花卉市场上零售。目前在阿尔斯梅尔——世界最大的鲜花拍卖市场（占地约十个足球场），荷兰人正在建设一条巨大的地下隧道，直通 Schiphol 国际机场，成交的郁金香将通过隧道系统直接迅速送上飞机。

其三是创新与研发。为了提高产品的竞争力，荷兰政府和公司投入巨额资金进行研究和发展新品种，比如一般的常见花卉，每一种花可以有十几万个品种，什么颜色、什么时间开花、大小、高低等应有尽有，顾客需要什么就可提供什么，顾客什么时间需要就可什么时间提供。所有的这一切都是靠大量的科研投入和发展现代生物技术换来的。

统筹调整粮经饲种植结构

2017年中央1号文件第一章第一节强调“统筹调整粮经饲种植结构”。

文件指出“重点发展优质稻米和强筋弱筋小麦，继续调减非优势区籽粒玉米，增加优质食用大豆、薯类、杂粮杂豆等。”

随着生活水平的提高，饮食结构不断改善，消费者对绿色无公害、营养价值高、保健功能强的杂粮需求日益增长。而杂粮能够改善膳食结构、促进营养健康。随着粮食消费需求的多样化增长，杂粮杂豆等作物将迎来大商机。中国杂粮产业初步形成规模市场，发展潜力巨大。杂粮走上餐桌成为必然，杂粮深加工成为趋势，杂粮品牌打造势在必行。

第三节
农资行业战略性思维

随着我国土地流转加快，以及农民合作社和种田大户的兴起，农资行业正在发生深刻的变化：

新技术大量应用。传统耕作模式逐渐多淘汰，许多新的生产技术得以应用，农业向机械化、现代化发展，投入资金越来越大，各种设施栽培普遍出现。例如：大型温室、无土栽培、各类滴灌及避雨栽培、机械化种植打药施肥采收，利用定位系统实施精准施肥，利用生物进行授粉和病虫害防治等。新技术的大量应用大幅提高了农产品的产量和质量，同时也提高了进入农业生产的门槛。

新资源的应用。新资源不仅包括了种肥药传统农资及新兴多农资产品，也包括了一些上游企业。种子方面，随着杂交，基因技术多不断更新，出现了许多抗病、抗虫、抗逆能力极为突出多品种，减少了农资的应用。肥料方面，水溶性肥料、脲甲醛肥料、包膜肥料、稳定性肥料、生物肥料、液体及气体肥料，各类螯合中微量元素肥料不断出现。农药方面，向着安全、高效长效发展，新型农药不断推出，厂商技术服务不断完善。一些新的农资产品得到不断应用，如农业机械、新型农膜，各种灌溉设施、计算机人工模拟管理控制等。同时，拥有技术和服务优势，产品优势的企业对农资人来说，也逐渐成为一种资源，没有资源的商家会逐渐被淘汰。

新种植业者的出现。土地到户后，人均土地面积少，种植业者众多。随着国家政策多调整，土地多流转，土地越来越集中，出现了很多专业大户、各类合作社、家庭农场以及企业经营等规模种植业者，据农业部2013年年底统计，全国流转土地达3.4亿亩，约占土地面积26%，50亩以上大户287万个，家庭农场87万户，企业流转土地相对2012年增长40%。这意味着终端消费群体的大幅减少。这些新兴种植业者对农资的要求和传统种植业者有着巨大差别，他们素质高，注重高效长效环保，采购量大对价格要求也高，同时由于对农产品质量有追求，因此对农资的安全性也提出了新的要求。新兴种植业者也敢于创新尝试，他们会进一步推进新技术新农资产品的应用。

国家政策的变化。2017年中央1号文件指出“深入推进化肥农药零增长行动，开展有机肥替代化肥试点，促进农业节本增效。建立健全化肥农药行业生产监管及产品追溯系统”，“开展土壤污染状况详查，深入实施土壤污染防治行动计划，继续开展重金属污染耕地修复及种植结构调整试点。”

化肥农药使用零增长行动方案的提出，直指我国农业生产中存在的化肥农药使用过量问题。由于长期过量使用化肥农药，导致农业生产出现一系列问题，加上中国耕地复种指数高和连作生产，土壤持续生产能力、肥料利用率下降，土壤质量、农产品质量安全问题日益严重。国家政策的引导，将对农资行业的发展起到制约和引领作用。

生产资料品牌的专业化回归，新型肥料营销呼唤新模式

随着我国土地流转加快，以及农民合作社和种田大户的兴起，新型肥料的新一轮营销周期正在开启，新技术、新服务正成为当前新型肥料营销的关键支撑。

参会专家认为，我国农村土地加快流转的大趋势让肥料营销领域机遇和挑战并存。一方面，土地流转给现代农资企业减少流通环节、建立便捷高效的服务体系创造了条件，为农资企业服务转型提供了机遇；另一方面，随着农民组织化程度的提高，其与经销商谈判的能力逐渐增强，对传统农资营销体系构成挑战。

我国农资流通领域正在发生的变化，要求经销商从单纯的农资分销商转型为农资服务商，从农资产品经理转型为作物技术服务经理。不仅要生产销售产品，还要集成传播技术，甚至要能提供配套的一站式服务。不仅是肥料、农药、种子综合经营，还需要提供使用便捷的农机具，也就是说要将优质的农资产品与高效的施肥、打药、播种技术嫁接，实现良种良法良肥良药相结合、农技农艺农机相结合，带动农资销售。

国内农资经销商已开始由生产资料型经销商向资源型经销商转变，部分甚至转向资本型经销商。这些转变对新型肥料生产企业提出更高要求——企业由品牌竞争转向系统化组织竞争。代理商推广新型肥料不能单靠营销手段，还需要建立自己的技术部门，通过解决肥料使用一线各种问题来拉动销售。

农化行业依靠科技支撑呈必然趋势

中央农村工作会议确立的“以我为主，立足国内、确保产能、适度进口、科技支撑”国家粮食安全战略，为农化行业发展释放出利好信号。肥料企业应更多承担增产施肥、经济施肥、环保施肥的责任；同时“舌尖上的安全”要求控肥、控药、控添加剂，将改变以往高产出依赖农化产品高投入的模式。业界预测具有生态、环保、高效等特点的缓控释肥、水溶性肥料、有机肥、生物肥、增值肥料、土壤调理剂、低毒高效生物农药将迎来大发展。

肥料企业要建立和完善新型肥料营销运行机制和农化服务体系，推广应用肥料新品种、新技术、新模式，满足现代农业发展所需要的高新肥料技术、产品和服务。随着财税体制改革不断深入，必然通过调整消费税征收范围和税率，对高资源消耗、高能耗的肥料产品予以限制，促进肥料产业和企业转型升级。

以科技为支撑的现代化农业在提高粮食单产、保障粮食自给自足方面发挥着巨大的作用，并成为农化行业发展新的突破口。同时为确保农产品质量与安全，推广符合绿色生态的新型化肥、农药等更是当务之急，符合现代农业发展要求的水肥一体化也将迎来大发展。

农资市场开拓及服务模式的革命

随着农业的现代化发展，农资经营将发生巨大变化，以前传统农资产品买卖多销售模式将颠覆，为种植业者提供安全高效，供产销一条龙服务的模式将得到确立。农资经营将面临多元化的发展趋势，经营者的角色将逐步改变。

新技术新资源影响

由于各类设施栽培及许多新型肥料多不断普及应用，肥料利用率得到提高，亩肥料使用量开始下降，但对肥料种类质量要求越来越高，各种功能肥、配方肥、专用肥，能减少肥料使用量及次数，或增产和提高品质幅度效果明显的产品越来越受欢迎，传统肥料销量将逐渐减少。新的品种将用量大幅减少，如先锋玉米每窝以粒计。新型农药会逐步取代一些传统大路货，安全长效将是趋势。新技术新资源的价格空间将超过传统普通农资，对农资人也是一种福音。

新种植业者影响

新的种植业者专业化程度高，精于生产经营，对农产品要求高，追求最大化利润，因此对农资也提出了新的要求。产品效果将是第一要求，价格问题将退居其次。规模化种植业者增多后，原来一个经营片区可能有5000个终端消费群体，逐步会变为500个，消费者减少，卖家短期内不会大幅减少，单一客户采购量暴增，同时种植者用肥用药盲目性降低，实行按计划或标准管理应用，农资的有效利用率将得到进一步提高而用量将进一步下降，例如：肥料的按需精准施肥，肥料利用率可能提高10%～30%，病虫害得到及时预防和高效长效将减少1～3次施药，农资市场竞争将进一步加剧，农资店压力越来越大。市场的剧烈变化对厂商也将产生巨大的生存压力。新种植业者不仅对农资要求高，对服务业提出了更高的要求，不仅仅局限于提供种植业技术服务，也会提出与经营有关的需求，例如管理、销售、市场预判等，这对农资人的要求更高，必须加强学习提高去适应。另一方面，土地流转后小田变大田，也会促进农业现代化的发展，如大型机械能得到充分应用，也会出现新的商机，原来不可为的事会变成可能。大量新兴种植业者的出现最终会导致农资经营强者愈来愈强，弱者将逐步出局。

国家调控的影响

国家政策影响着每一个行业的发展，农资界也不例外。国家会通过一系列的政策来干预某一行业，如税收，补贴等。有时突发事件也会影响国家对某一行业的调控，比如：三鹿奶粉导致国家免检波及农资；毒豇豆事件引发海南农资经营门槛。

电商模式影响

目前电商主要是集中在消费领域以及不需复杂操作的领域，对于需要产品 + 技术的农资，仅限于一些熟悉的简单的产品。另外，物流的不畅也暂时影响到农资的电商发展。但随着这些制约因素的逐渐消失，电商也将对农资经营造成巨大冲击，产品价格透明化，原来严格管控的市场区域将不复存在。这首先对小件农资将影响巨大，对笨重大宗产品影响稍小些。市场价格体系的维持会出现混乱，农资利润空间将压缩，各种长期暴利营销变得不可能，电商正在促进经营模式的转变。

企业经营模式转变影响

由于市场供给总量远远供大于求，厂商将产生巨大生存压力，将不得不细化管理市场，改变营销模式，实行渠道下沉，力求生存。这给终端销售店也造成强大压力，厂商在各类资源上占据的优势会强拍和促使原来的终端店去改变和适应市场。例如：尿素 2015 年过剩 1000 万吨。原来厂家到大代理再到小代理再到零售店再到种植户的环节将有可能直接简化为厂家到代理点到农户的模式，中间环节将逐步减少，各级环节将降格，批发变零售，而原来的零售店有可能转型或直接变种植户。同时，厂商会整合转型，强强联合将是厂商的一种出路，各自发挥优势去站稳脚跟。

未来十年，80% 的小型农资企业将会消失，或转化为农化服务商；
80% 的村级农化代理商、零售商将彻底消失。

第五章
农产品六次产业价值再造

恒某冰泉投了几十个亿的广告，但3年只卖了十几个亿的水，累计亏损40个亿，被称为“史上最败笔的营销”！

那么恒某冰泉到底败在什么地方呢?

从品牌战略分析，恒某冰泉品牌价值缺失：恒某冰泉的品类是什么？核心的价值又是什么?

如果也是矿泉水，如何与竞争对手在品类上区隔?

在恒某冰泉土豪般的广告轰炸中，价值诉求一直在变：长寿、健康、漂亮，甚至泡茶做饭、强壮美丽健康……始终没有找到自己的核心价值!

从竞争战略分析：明眼人一眼看出，恒某冰泉高调上市，剑指农夫山泉，但是我要问：农夫山泉当时售价不过2元，恒某冰泉价格在4元左右，一款志在高端的饮用水竟然和一个中端水打仗，结果是什么?

正因为恒某冰泉品牌定位的缺失，定位的空心化导致传播的空洞化，其在20天投入的13亿广告不知所云，自然无法拉动销量!

恒某冰泉始终没有告诉消费者，它的价值是什么!

在现在这个时代，做品牌就是应该做价值!

第一节

六次产业价值再造层级

从产业附加值微笑曲线我们得知：产业链的不同环节附加值不同，我们以此为基础分析，农产品食品行业的价值再造可以沿两个方向、六个角度进行价值再造。

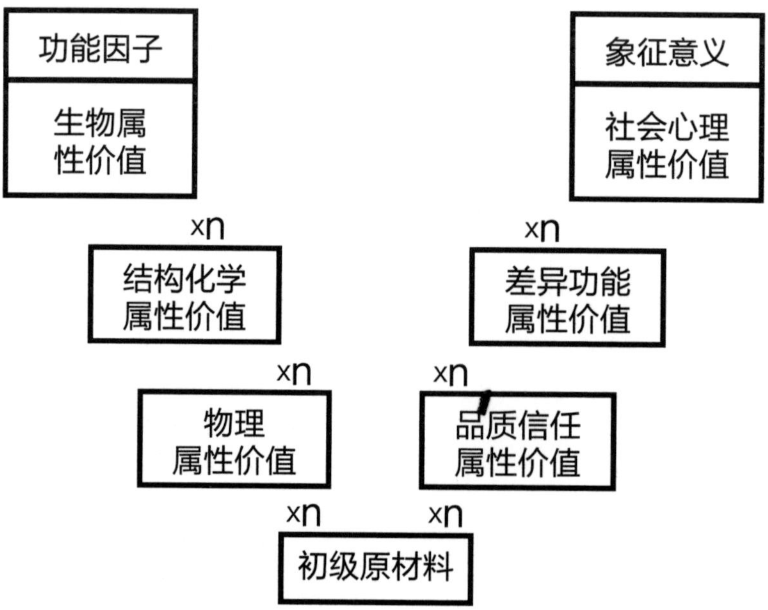

1. 品牌内涵价值再造层级

品牌就是认知，消费者总认为下面这些品牌的产品价值不同，即使我们告诉消费者这些产品的内容物来自同一车间完全相同，消费仍会有不同的选择；有人喜欢便宜、有人追求性价比、有人喜欢品质、有人喜欢个性、品位。

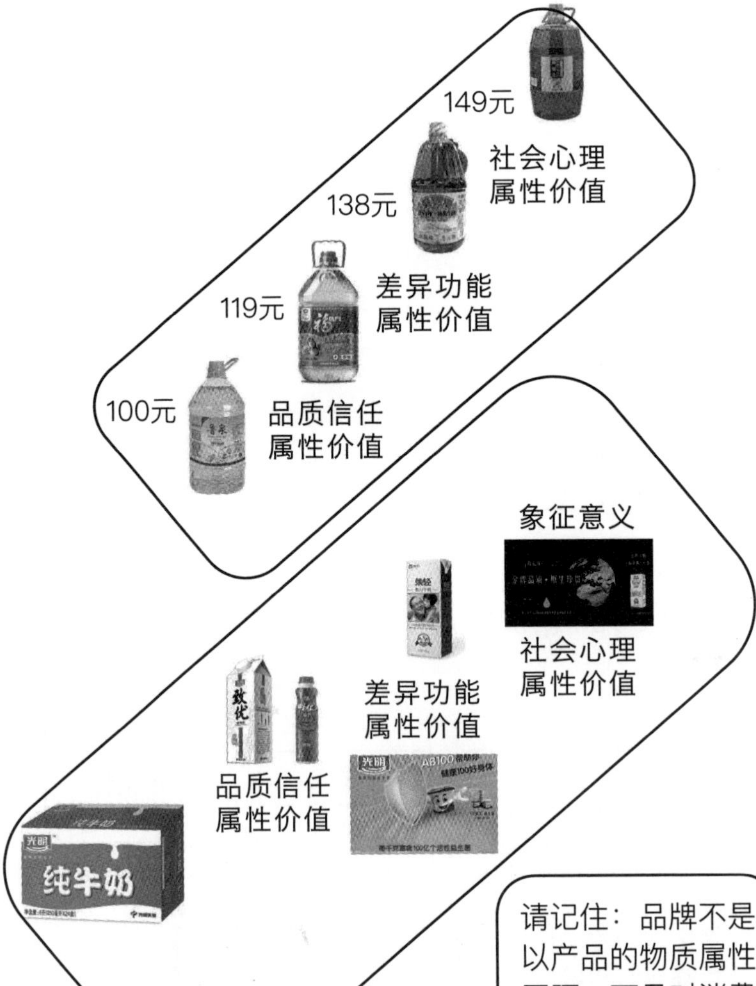

请记住：品牌不是以产品的物质属性区隔，而是对消费者大脑的区隔、消费观念的区隔、认知的区隔。

2. 深加工方向价值再造层级

一包纯牛奶 3 元，同容量和同企业的常温酸奶 9 元，如果单从物质层面分析成本基本相同。但是，赋予莫斯里安更高的价值，从原料上升到化学结构的价值再上升到生物属性，品牌内涵上从营养到长寿到心理属性。

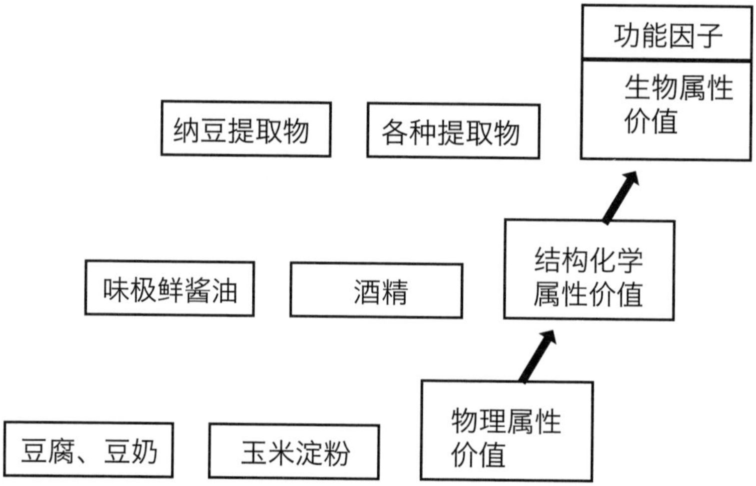

一包纯牛奶 3 元，附加价值 0.3 元
常温酸奶 9 元，附加价值 6 元

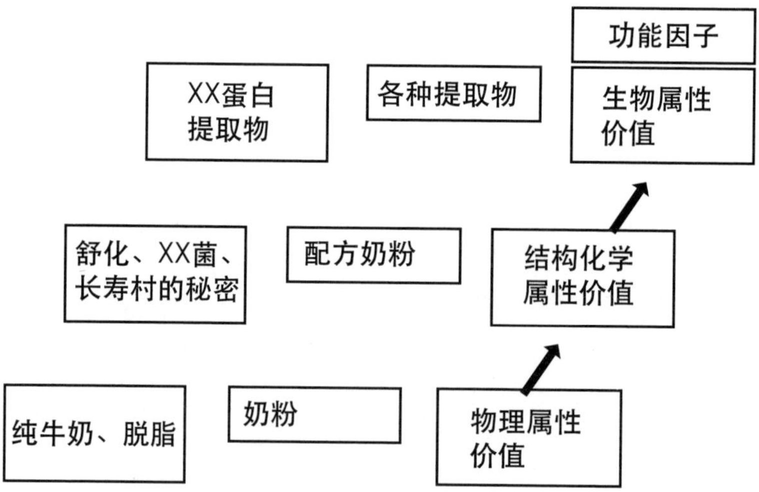

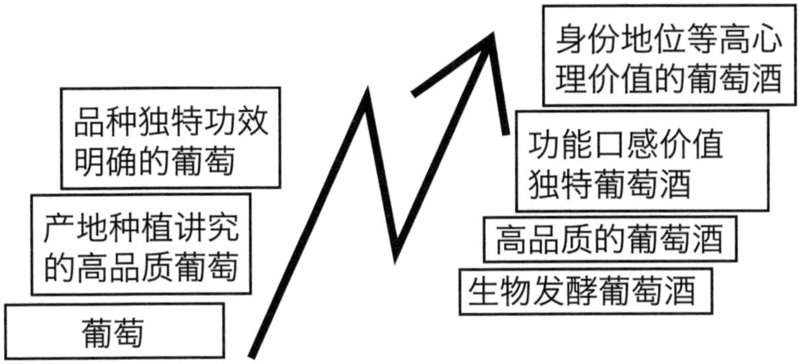

3. 葡萄价值再造路线图

在法国，葡萄本身不值钱，普通鲜葡萄不过1欧元/斤；如果是产地种植讲究的高品质葡萄，卖到2欧元/斤；品种独特功效明确的葡萄，卖到3欧元/斤。通过深加工，榨汁、生物发酵，变成葡萄酒，价值成倍提升，能卖10欧元一瓶；如果是高品质的葡萄酒，能卖20欧元/瓶；继续价值再造，功能口感价值独特的干型葡萄酒，可卖40欧元/瓶；如果能再为葡萄酒赋予身份地位等高心理价值，比如拉菲，可以卖到几千甚至几万欧元/瓶。一粒小小葡萄通过不断升级完成价值再造，价值提升几十倍，这就是农产品六次产业价值再造，只有价值再造才是中国农业的根本出路。

4. 汇源失败的根源在于价值低端

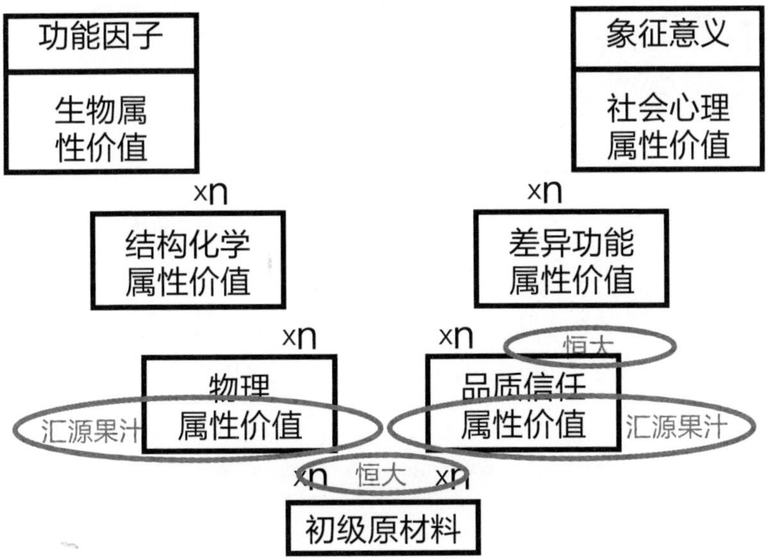

第二节

东阿阿胶的价值再造

本来是一个面临灭顶之灾的企业

· 毛驴的役用价值已经基本消失——灭顶之灾

· 生活水平提高，贫血人群减少——灭顶之灾

· 现代医学发展，效果不直接——灭顶之灾

· 消费习惯改变——灭顶之灾

没有想到的事发生了……

2014 年营业收入 40.09 亿元，归属于上市公司股东的净利润 13.66 亿元，较 2013 年同期的 12.03 亿元增长 13.52%。

2015 年年度报告，报告显示：东阿阿胶全年实现营业收入 54.5 亿元同比增长 35.9%、归属于上市公司的净利润 16.3 亿元，同比增长 19%。

2006 年至今，东阿阿胶已 19 次上调相关产品出厂价，成品阿胶的价格从每斤 600 多元一路飙升至约 2560 元。

1. 将阿胶的原料价值无限提高，包括：工艺、技术、历史、文化、精神；将差异化价值再造。
2. 将价格一提再提，价格是价值的第一体现。
3. 将阿胶的心理价值，一再提高，高举高打，满足更高层次的需求。
4. 利用阿胶的高价值形象，开发阿胶食品——桃花姬；主要成分黑芝麻、核桃，用阿胶熬制。

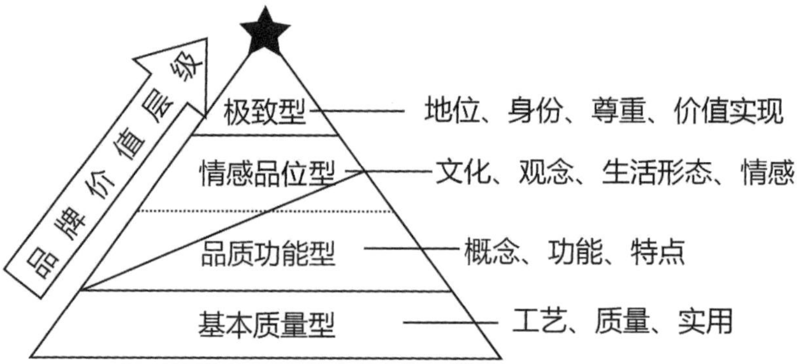

品牌阶级度层级模型

1. 充分把握市场需求，精神文化是高层次的需求，将桃花姬定位在吃出来的美丽。

2. 充分利用阿胶的高价值感，提高桃花姬的心理价值。

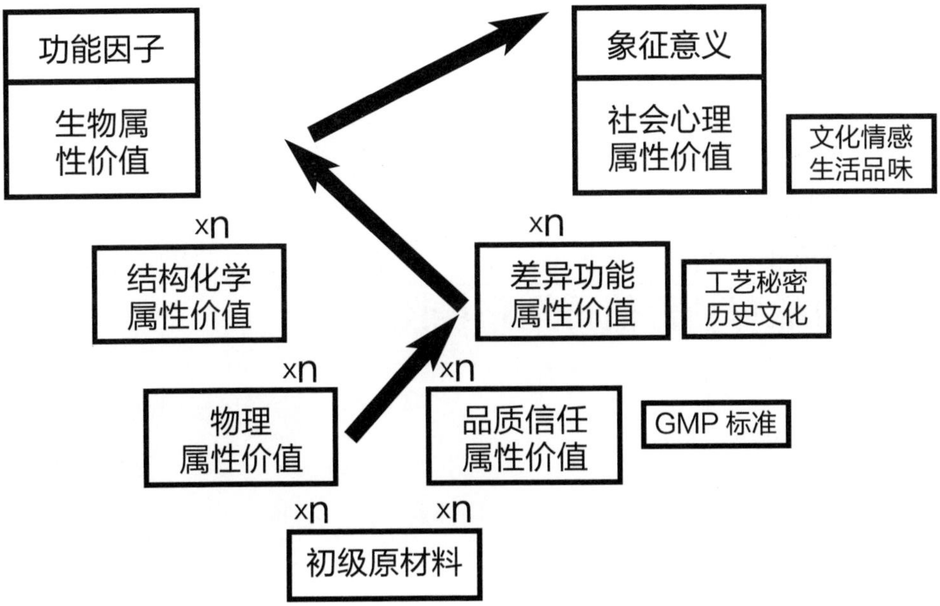

黑芝麻糕——80 元 / 斤

核桃糕——160 元 / 斤

阿胶糕——280 元 / 斤

东阿阿胶糕——380 元 / 斤

桃花姬——480 元 / 斤

第三节

自酿啤酒价值再造路线图

价值再造之前
售价 10 元
品类定位：自酿鲜啤
价值定位：新鲜、富含氨基酸、活性菌
价值再造之后
品牌名称：卢德堡
品类定位：纯正
价值定位：贵族享受
概念点：德国拜恩
支持点：五大纯正支持
主形象表现、品牌故事、心理价值等表现到位！

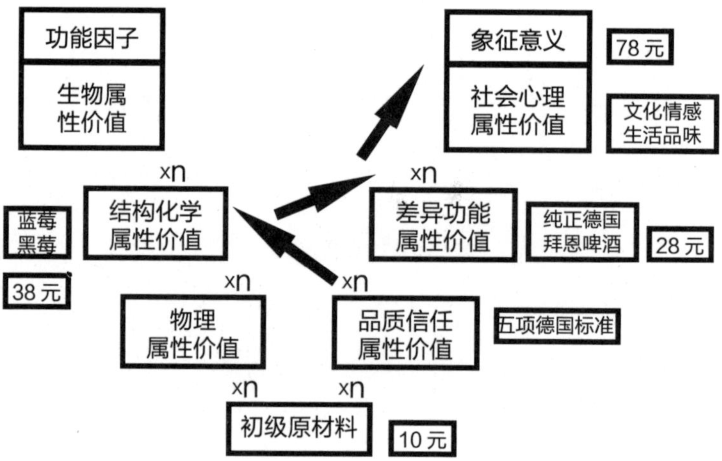

自酿啤酒价值再造路线图

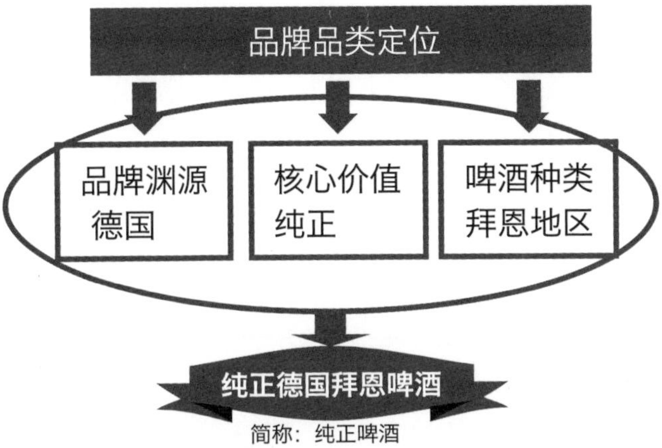

再次升级：

1．消费人群升级
2．消费时机升级
3．产品升级
4．心理价值升级

从10元到了78元！

释义：纯正啤酒按照德国《纯正啤酒法》，只采用麦芽、水、啤酒花及酵母生产，绝不采用大米、淀粉、糖浆、防腐剂、添加剂等。其独特的纯净培养的鲜酵母，发酵周期短，新鲜，保证了啤酒的原汁原味。

第四节
企业的价值基因

做农业的企业最常做的事就是以某一种原料为主导深加工成系列产品，但没有赋予新的价值，系列产品的价值仍是基于原料本身的价值，消费者对价值的认知也是基于对原材料的认知。比如：某企业以芦荟为原料开发了系列产品，芦荟香皂、芦荟化妆品、芦荟含片等。

这种方式的好处是，消费者对某种原料有很高的价值认知，不需要太多的推广就能获得市场认可；但问题是价值基因是基于原材料，而不是基于品牌，只要别人推出同类产品，直接会冲击你的高价值！

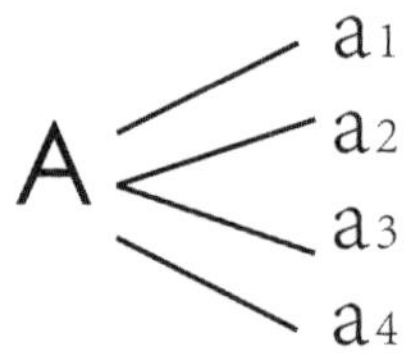

最经典的失败是海王银杏叶片！花费了几个亿教育市场，教育市场很成功，企业很失败！

以高价值原料为导向的企业，随着种植技术的发展，成本越来越低，价格暴跌，价值也随之暴跌，灵芝、金线莲、玛咖、铁皮石斛、人参均是如此。

成功品牌的价值基因是：X+Y+······+Z=N

夏枯草等原料 + 历史 + 配方 + 专利 = 王老吉 = 怕上火

核桃 + 原料 = 六个核桃 = 经常用脑

原料 + 历史 + 配方 + 专利 = 桃花姬 = 吃出美丽

褪黑素 + 消化口服液 = 脑白金 = 年轻态

丨第六章丨
以价值为导向的全产业链再造

没有价值导向的全产业链必定失败!

成功的关键在于整合和控制，只有最后的价值最大化，整合才有意义。

以价值为导向，进行全产业链控制。

为了提供价值而去控制全产业链，而不是去经营全产业链。

价值链整合，一是提升整个价值链创造价值的能力；二是提升自己在价值链的战略地位。

第一节

没有价值导向的全产业链必定失败

以农牧行业为例，做饲料的企业为了消化饲料就去养猪，结果发现消费不了多少饲料，养猪规模太小也没有优势，然后又去建了屠宰厂，产能发挥不出来，同样没优势，又开肉店，也卖不了多少肉。

饲料、养殖、屠宰、开店卖肉，产能不匹配，每一个环节规模都不大，也都没有优势。

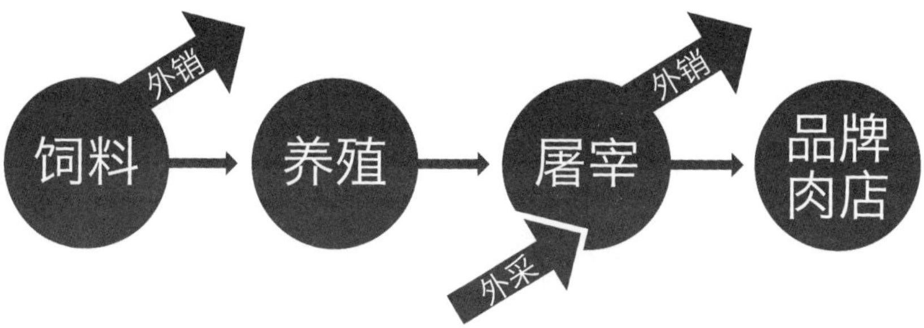

由于每一个环节提供的都是常规产品和服务，链条内的企业如果独立核算，追求效益最大化，就没必要在集团内部采购，结果全产业链只能增加成本而已！

第二节

高成本时代，全产业链的目的

价值增长要处理好三个关系：

要规模？　　　还是要效益？

卖价格？　　　还是卖价值？

卖产品？　　　还是卖服务？

产业模式“客户价值最大化”是否实现的衡量标准：

为消费者提供更多的价值；

降低消费者的使用代价；

消费者提供更好的价值（消费体验、情感满足）；

更快速、方便地为消费者服务。

全产业链的商业模式

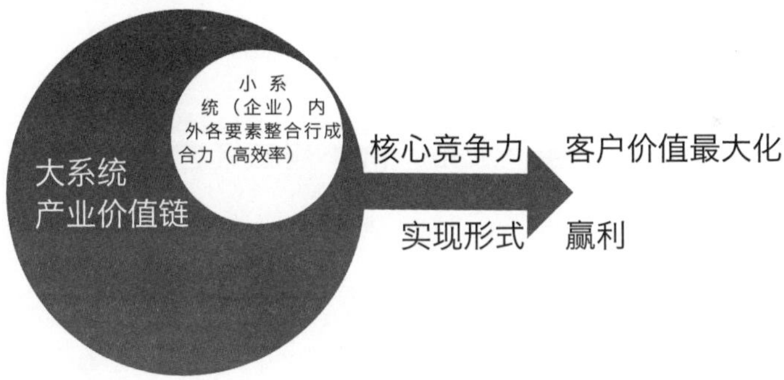

客户价值最大化 \
整合 \ 高效率 \ 系统 \ 赢利
\ 实现形式
\ 核心竞争力 \ 整体解决

这八个关键词也就构成了成功商业模式的八个要素，缺一不可。

成功的关键在于整合和控制，只有最后的价值最大化，整合才有意义！

第三节
产业链商业模式价值实现路径

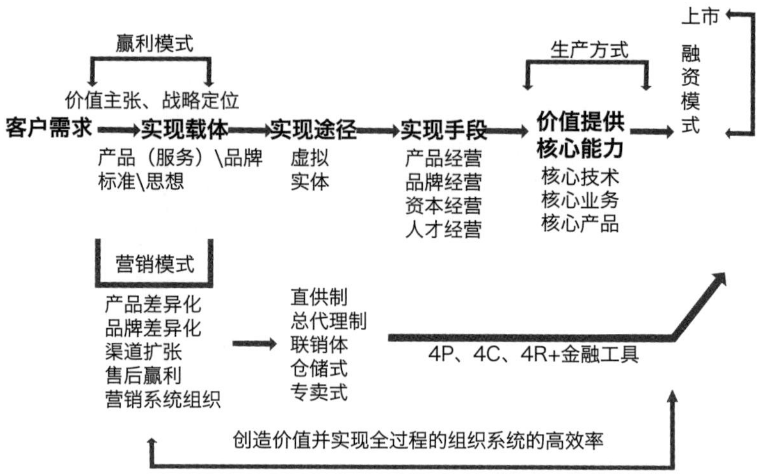

商业模式价值创造、实现流程图

客户的价值主张是先导，提供价值的核心能力是根基！
以价值为导向，进行全产业链控制！
为了提供价值而去控制全产业链，而不是去经营全产业链！

价值整合、形成核心竞争能力是商业模式创新的核心！

整合什么？

我缺的就是我需要去整合的！

资源整合，内外资源都要整合；建立一个互补企业、协作企业、联盟企业在内的产业平台，及建立一个吸引政府、专家、银行、投资机构、舆论媒体参与的更大平台。

价值链整合，一是提升整个价值链创造价值的能力；二是提升自己在价值链的战略地位。

第四节

成功的价值模式设计五步法则

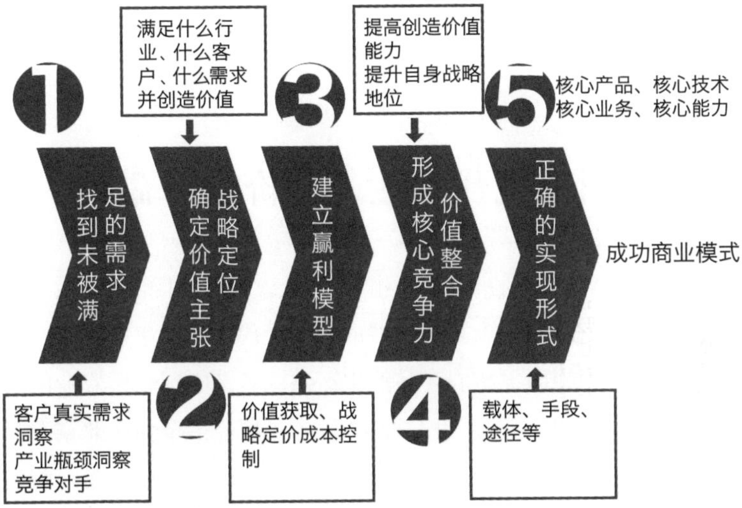

整合方式有：纵向整合、横向整合、平台整合

整合路径有：资源整合、产业整合、价值链整合、价值网整合

整合的载体有：技术(IBM)、品牌(麦当劳)、市场、资金(华润)

整合的手段：并购\吸收合并\合资\战略联盟(信贷性质的)

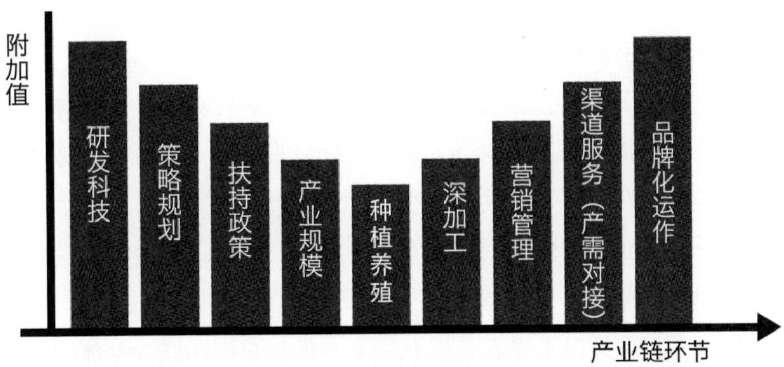

案例

瑞阳模式引领现代农业土地价值革命

河南瑞阳粮食集团前身是郑州市下属的一个地方小粮所，后经改制，在董事长尚海涛带领下经过近十年的发展成为以现代农业、生态农业、餐饮体验为通道，致力于成为中国优质农产品的生产供应者，中国新型农业的领跑者的大型农业产业集团。2013 年 11 月 9 ～ 12 日十八届三中全会在北京召开。这次大会让河南瑞阳粮食集团董事长尚海涛很是兴奋，因为大会不仅吹响了全面深化改革的号角，而且针对农业、农村改革尤其是土地流转等一直以来困扰着他的问题指明了政策方向。这让十几年来一直从事粮食种植、贸易、加工的河南瑞阳粮食集团董事长尚海涛看到了现代粮食行业新的爆发热点。于是尚总来到了韩志辉博士在北京的办公室，也因为这个机缘，使这个农业经济背景下鲜活的“现代农业土地价值变革”典范——“瑞阳模式”，绽放出“社会效益与经济效益双丰收”的辉煌光芒。

一、理趋势，势在必行

政策推动，引发新一轮农业土地流转热潮

中共十八届三中全会提出，城乡二元结构是制约城乡发展一体化的主要障碍。必须健全体制机制，形成以工促农、以城带乡、工农互惠、城乡一体的新型工农城乡关系，让广大农民平等参与现代化进程、共同分享现代化成果。要加快构建新型农业经营体系，赋予农民更多财产权利，推进城乡要素平等交换和公共资源均衡配置，完善城镇化健康发展体制机制。其中“要加快构建新型农业经营体系，形成以工促农、以城带乡、工农互惠、城乡一体的新型工农城

乡关系”，成为投资者最为关注的重点，将会很快引发新一轮农业“大蛋糕”的投资热潮。

社会发展，加快现代化农业发展

一是城市化进程加快，为现代农业的发展提供了典型动力，促进了农村土地集中；生产类型从分散型向集约型转化；传统农业生态向现代农业生态发展；农业青壮年劳动力转移就业。二是科技及装备发展为现代农业的发挥提供了典型前提。三是投资环境影响。所有权、土地使用权与经营权三权分立，把农民从土地占有和经营捆绑中解放出来，在市场作用下，以投资方式进行多元最佳组合。四是企业升级势在必行。面对这样的发展趋势，摆在瑞阳面前的可选择发展路径又是什么呢？怎样才能将瑞阳粮食合作社的发展推向一个更高的层次与发展空间？要想解决这些问题，我们必须抓住瑞阳发展的核心，从而找到既符合发展趋势又能符合瑞阳自身特点的竞争策略。

二、抓核心，战略明晰

瑞阳的核心问题 并不复杂，其实就是解决两个典型问题：第一地怎么种，第二粮怎么卖。

地怎么种——必须提高土地价值

资源集中、效率提高、品质统一，效率产生高价值。规模带来生产方式的改变，运用现代农业技术大大提高劳动生产率，带来高效益。

1. 建立于新土地政策三权分立基础上，通过土地流转整体调配资源。

2. 大流转、大机械、大生产、大收益成为可能，通过统一的管理与运作，使得产品品质大幅提高。

3. 各方均得到高回报：农民不种地有收；. 劳动者劳动的收入大幅提高；高品质得到强化——高品质产品（促成良性循环）。

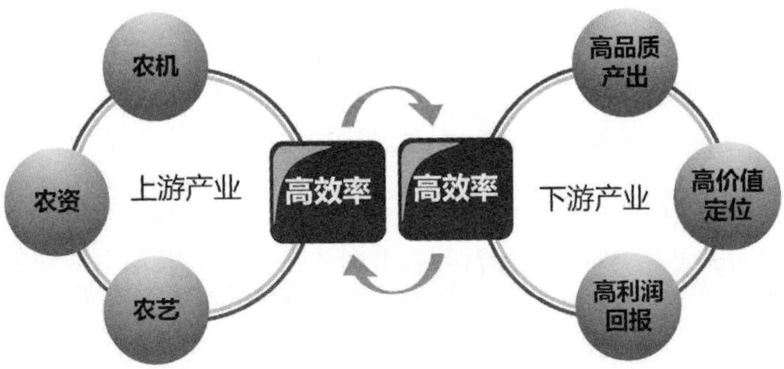

粮怎么卖——必须提升品牌价值

品质可控、品牌推进、品牌创造高价值。品牌产品，用现代企业管理技术，提高产品质量，满足高端客户需求，创造高价值。

1. 生产出高品质的农业产品，从而定位高价值市场，面向高价值客户，使得客户的产品质量在优质原材料的基础上得到提高，为消费者提供高品质产品。

2. 客户及瑞阳同时获得高收益，达到双赢。客户更加认可瑞阳产品。瑞阳有更多的资金致力于劳动生产率的提高，从而更大规模的整合优势资源，获得高收益。

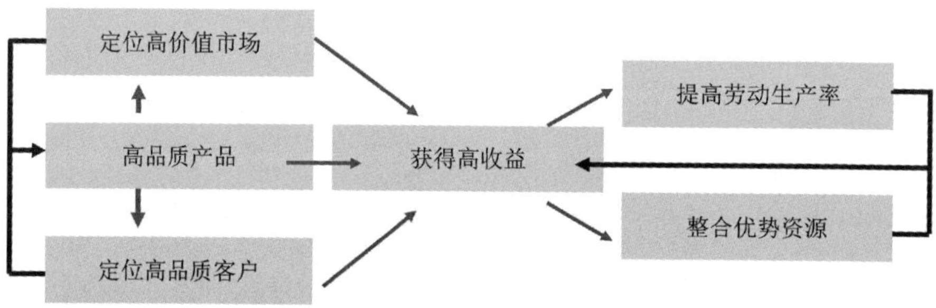

瑞阳农业竞争策略

一是规模带来高效率。规模带来生产方式的改变，运用现代农业技术大大提高劳动生产率，带来高效益；**二是品牌创造高价值。**品牌产品，用现代企业管理技术，提高产品质量，满足高端客户需求，创造高价值。

三、占机遇，品牌抢位

（一）五大宏观矛盾，让“土地变革”“粮食基础”成为必然社会机遇

一是土地分散经营与大规模机械生产之间的矛盾。一家一户的分散经营模式不利于大型机械作业的开展，使得整体农业生产效率得不到本质的提高，从而导致产品成本增加，利润空间得不到深度拓展。

二是中国工业化发展迅速与农业劳动力活动不自由之间的矛盾。工业发展迅速需要大量的劳动力，而分散经营的农业模式使得部分劳动力活动不自由，

不能彻底从农业生产中解放出来，缺乏充足自由劳动力使得劳动力价格上涨，工业成本增加，国际竞争力降低。

三是人民经济能力提高与食品安全问题之间的矛盾。经济的增长带动人们生活水平的提高，人民健康意识也与日俱增，当经济能力带动的购买能力逐渐提高时，安全食品的供求关系就越来越明显。

四是耕地保护与保证粮食安全之间的矛盾。从 1980 年开始，伴随着城市化与工业化的推进，中国农村向城市转移剩余劳动力 2.3 亿人以上，目前从农村流向城镇的人口每年 1500 万～2000 万，非农收入成为农民家庭收入的主体，占其家庭总收入接近或超过 50%，农业呈现典型的副业化特征，土地抛荒、复种率下降明显，农业经营者老龄化和妇幼化。

五是全面过剩与农产品高品质化需求短缺之间的矛盾。世界上 80% 的大棚也就是业界常讲的设施农业集中在中国，全球 67% 的蔬菜、50% 的猪、50% 的苹果、40% 的柑橘，都由中国人生产，但我们的人口只有世界的 19%。农产品一方面产量、产能严重过剩，另一方面安全、优质产品却供不应求。

（二）四大行业问题，成就“粮食”“土地”的必然市场机遇

行业中知名企业匮乏

农业产业属于第一产业，真正立足行业挖掘行业价值，提升行业宣传与形象的知名企业少之又少，瑞阳农业品牌正处于农业品牌的“蓝海”地带。

食品安全成为首要问题

食品安全事故频发，主要表现在先天食品原料的不安全性和加工过程中的后期添加，从根源上解决食品原料的安全问题成为义不容辞的责任。

农业企业缺乏品牌意识

农业企业的品牌意识薄弱，导致宣传和影响力度相对降低，品牌的附加值没得到挖掘，导致品牌价值持续走低，价格与利润得不到提升。

粮食产品的标准化需求与分散化供应问题

食品生产企业对粮食产品的标准化需求旺盛，但是目前的分散种植与经营方式难以满足市场需要，市场潜力巨大，市场需求持续走高。

市场需要就是最好的“市场机遇”

要想抓住市场需求的“市场机遇”就要做到以下三点：行业地位、差异化和影响力。

（三）面对“社会机遇”“市场机遇”瑞阳应该怎么办

瑞阳首先一定要抢位。

（四）抢位

——新一轮现代农业土地改革先行者的“社会形象”

——中国优质基础粮第一品牌 的“市场形象”

1. 要抢“社会形象”的位

抢占政府部门、行业认可、下游食品企业的同时认可。要解决这个问题，我们从以下几个方面考虑：一是区域政府关注的问题是什么？二是下游企业关注什么？三是瑞阳要实现角色转变，打造新一轮现代农业土地改革先行者的“社会形象”。

瑞阳集团以“中国价值农业引领者”的角色定位和要求自己，瑞阳不仅是粮食专家，更是区域价值农业的引领者，是土地价值变革实践者与推动者！

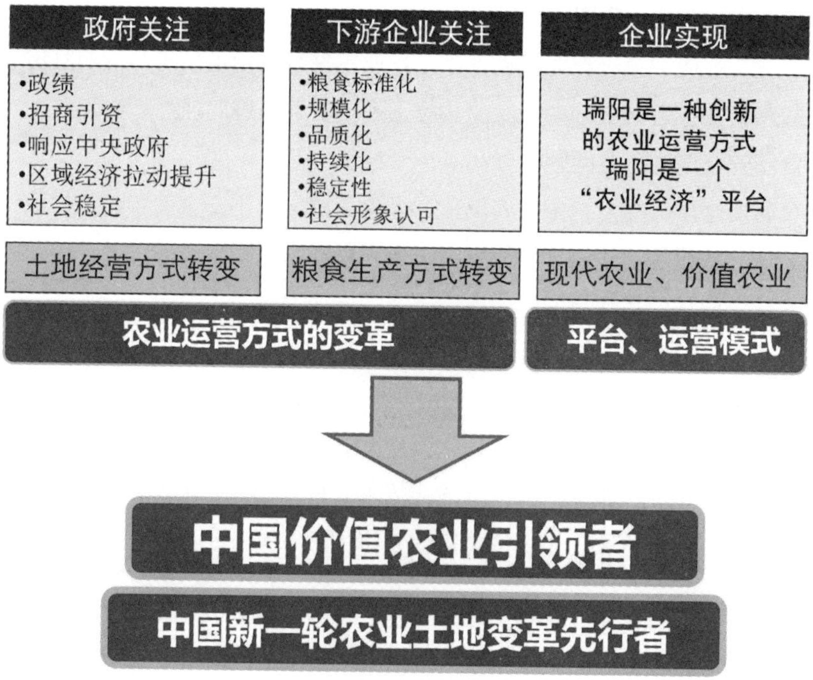

四、拨云见日塑品牌

知己知彼，百战不殆

基于十年来对农业行业的理解与把握，通过企业内访与分析对企业的现状有了整体的把握，具体情况表现在：

战略环境作出重大转型，农民离地不失地，三权分立，农业面临更多组合方式。

政策扶持与社会经济的发展，品牌农业面临很大商机。

三大矛盾有待解决，食品安全成为首要问题，产品品质无可追溯性。

瑞阳大规模土地实力雄厚，机遇与挑战并存。

独特机会（领导视察）优势明显，但如何形成可传播性理论模式成为重点。

现有农业模式多样，土地价值偏低，如何提高土地附加值？

农业品牌缺乏系统的品牌管理，知名度低，瑞阳如何塑造自身品牌？

而面对以上问题，瑞阳又该何去何从？是通过粮食卖面粉？还是通过面粉卖粮食？这是一个点与面的先后关系，因为粮食与面粉所面向的客户群体截然不同，但是又通过千丝万缕的联系纠缠在一起，卖粮食卖的是企业，卖面粉针对的是消费者。然而，目前国内粮食贸易附加值极低，虽有政府及政策支持却很难寻找到合适的立足点。与此同时，面粉区域化品牌明显，各大品牌占山为王，品质良莠不齐，如果以卖粮食带动卖面粉，企业将有层级的逐步打造品牌构架，从下往上的奠定良好的基础，以企业的产品品质从下而上的打造终端品牌的食品安全，从而构筑好食品安全的第一道防线。

基础好，一切才是真的好

品牌的塑造从来都没有捷径可走，而“城中城”的品牌构架仍是这样，要想打造过硬的面粉品牌，就要奠定坚实的粮食品牌。因此，只有基础好，一切才有可能。而品牌的打造，从来都是围绕市场展开：

1. 品牌定位分析

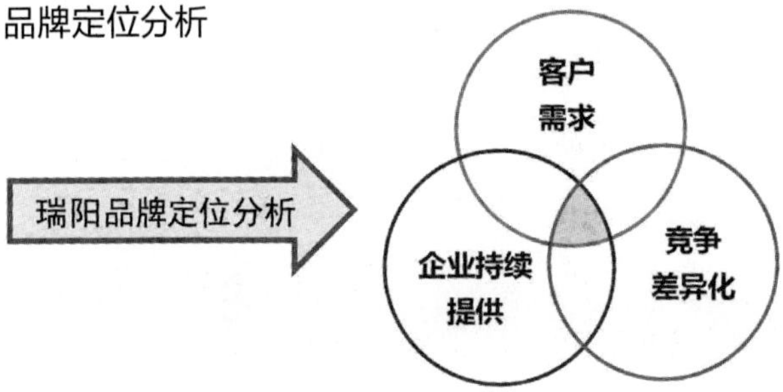

分析粮食市场，让我们追溯到粮食的上游品牌——农业品牌。我们发现，现代农业相较于传统农业，最近几年更多地为人们所熟知。在中央1号文件和各种涉农政策中也多次提到现代农业。而现代农业为什么能得到较快发展？人们真正关注的现代农业的本质是什么？（消费者、企业客户）

绿色农业——农业与环境协调，可持续——生态健康

物理农业——利用具有生物效应控制动植物生活环境——生态、无污染

休闲农业——观光、采果、体验农作、了解农业——体验，了解，放心

工厂化农业——人工环境全过程连续作业，摆脱自然界的制约——高效，可控

立体农业——物种、层次、能量循环、物质转化等组成——生态，整合

订单农业——根据其本身条件同农产品的购买者之间所签订的订单——可控

……

消费者对于农业品牌的要求主要是对食品品质的要求。消费者需要的是：高品质粮食终端产品！企业客户需要的是：高品质粮食原料产品！竞争对手所没有的是：大规模、高效率、高价值的耕种模式。

而瑞阳能持续提供的是：瑞阳模式下的标准化土地、标准化种植、标准化生产、标准化品质的高价值粮食。而在标准化的约束下，方能保证粮食优质健康。

于是，瑞阳粮食品牌的定位呼之欲出：

瑞阳粮食是一切优良产品（包含食品加工、产品发酵、畜牧养殖、工业生产等）的基础，即瑞阳基础粮，同时瑞阳粮食为高品质、高价值产品。即为——瑞阳优质基础粮。

品牌广告语创意：基础好，一切才有可能！

2. 品牌主视觉设计

品牌主题形象设计是品牌表现的核心传播形象。是平面、电视、网络、户外等媒体的传播核心内容。好的品牌主题形象能让人看后印象深刻并产生良好的品牌联想。

以麦穗组成的金字塔盾牌符号为主，象征产品生产的 360 度全维有机保护才能保证优质，紧扣产品本身及品牌名称“优质基础粮”。每个麦粒里面的图片将企业的农业产业链关系进行了诠释，使目标人群快速建立起对基础粮是食品加工企业原材料的直观认知。

3. 瑞阳优质基础粮的品牌支持

【标准化土地】特选伏羲山高海拔尖山生产基地，远离工业化的城市，环境优美、土壤水质肥厚，气候适宜，超 10℃ 的气温温差，超 20 多天的生长期，是最适合小麦的生长环境。

【标准化种植】全程以自然生态之法进行生产，种植过程中不适用农药、化肥，采用生物及物理除虫除害措施，确保种植的有机生态。

【标准化生产】从收货到加工，全程有机监管，加工过程中不使用防腐剂等任何添加剂。确保从原料到产品的有机健康，构筑中国食品安全的第一道防线。

【标准化品质】标准化运营确保品质的始终如一，最大程度的避免原料不统一对健康、美味及市场造成的影响。食品安全认证，出口标准内销，标准化品质营造标准化放心。

只有我们粮食安全了，食品安全才能真正实现。只有我们粮食品质标准统一了，可控了，现有食品生产才能得到本质性的提升与进步。只有基础粮优质了，可控了，才能真正构筑食品安全的第一道防线。

五、新模式，引领变革

瑞阳模式的核心为：从流转土地到经营平台，从种地管人到链条管理。

一是从流转土地到经营平台。学术界有一种声音："土地流转"就是向农民租地，然后再雇农民干活。"土地流转"的实质就是你还没开始种地，就得先向农民付租金。如此一来，流转的规模越大，企业所承担的压力就越大。要想解决这个问题，就必须依靠地方政府的支持。

然而要获得地方政府的支持，仅仅依靠"土地流转"是没有吸引力的。对于地方政府来讲，相对于"土地流转"，他们更关注对地方区域经济的拉动作用，要发挥拉动作用，就得依靠"招商——大企业入驻"。

而大型相关企业所看重的就是：粮食标准化 、规模化 、品质化 、持续化 、稳定性 、社会形象认可。农民企业与瑞阳：大生产。高品质农资采购，高品质生产流程，高品质产品输出，贯通三大产业链，责任可追溯，品质可控。因此，高标准生产型企业开始在瑞阳的 25 万亩大型流转区域实现市场性聚集。

大规模（25万亩）化集中化流转，带来耕作方式效率化机械化提高；实现生产物质的社会化标准化配套；推动了农民产业化流动化转移；最终促进了品质化优质化提升。农民土地与瑞阳：大整合。农机、农艺、农资投入，提高生产效率，从而，实现了上游供应企业配套性聚集。

大平台，实现大收益。

农业产业现有元素：土地、产区、销售。瑞阳为整合现有元素和连接元素之间的资源而存在，例如，土地和产区之间的流转、土地与土地之间的利益、产区与销售之间的关系以及附属于这种利益之中的农资、农艺、农机资源配置等。

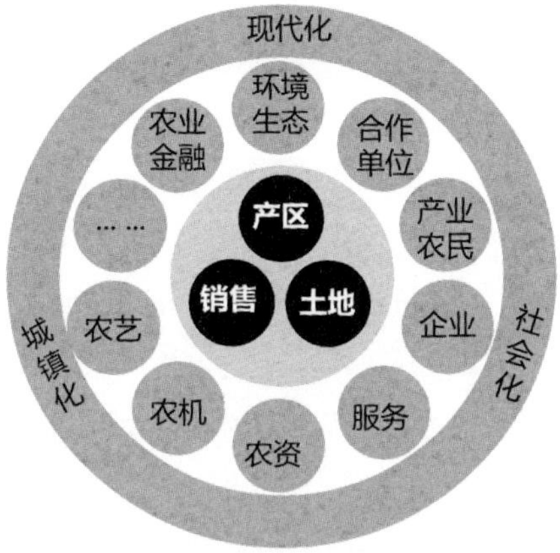

从粮食种植、农业土地流转到农业综合经济平台，从经营到运营，最终实现区域农业产业化、城镇化、与现代化的“三化”协调发展。

结合区域发展及区域农业区位优势的特殊机遇，以市场化的方式，在满足消费者需求的同时，使自己的开发项目能够成为区域农业与区域城镇化、现代化发展建设的有机组成部分的农业运营平台。农业运营平台是政府与市场之间必不可少的中间环节。农业运营平台要对所在的区域合理开发，整合各种上下游资源来经营，用全新的商业模式去打造一个新的区域农业经济。最终实现区域农业产业化、城镇化、与现代化的“三化”协调发展。

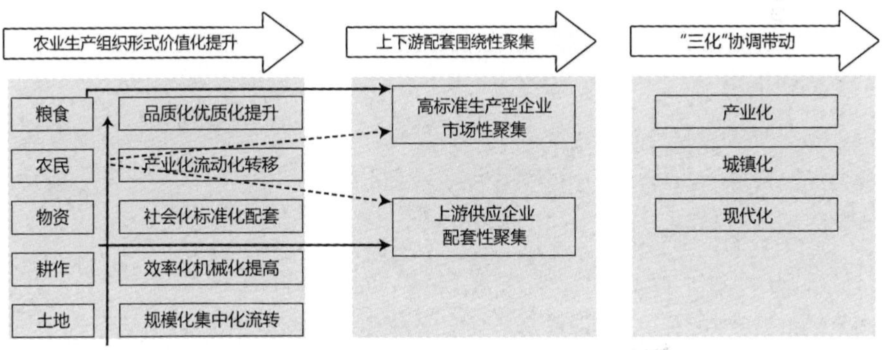

二是从种地管人到链条管理。六大链条责、权、利分明（明确激励创新考核体系）。六大链条分别是责任链、效益链、价值链、激励链、效率链和资源链。

1. 责任链

发现问题：分散经营的产品没有统一标准，种的人不用，用的人不吃，吃的人不懂。在原材料的安全问题上存在根本隐患，食品安全得不到保障。集体经营人，应付了事现象频发，产品收益得不到保障。

解决问题：高收益回报流转分散经营土地，整体管理，分区经营，按劳分配，使产品品质有可追溯性的同时，劳动者的利益也能得到保障。从而从根本上杜绝产品品质及收益的责任问题。

谁对质量负责：食品安全问题的根本点是没有责任的可追溯途径，产品质量的好坏是决定品牌的塑造关键，完善品质责任链成为重中之重。

谁对收益负责：收益为连接农户以及企业的纽带，为品质塑造的关键因素，完善收益分配制度，为良好的品质奠定基础。

2. 效益链——对社会的效益，农民投入与产出的效益

所有权、承包权、经营权三权分离。承包权与经营权分离使得参与流转土地的农民可得到一份额外收入，参与耕种的农民收益有较大程度提高。

大规模经营，减低成本，提高收益。土地面积的扩大有利于大型农机的食用，生产效率提高，生产成本降低，利润增加，价值提高从而获得更高收益。

解放劳动力，农民离地不失地。大批劳动力得到解放，工业生产得到发展，离地农民在获得工业薪酬的同时还能获得土地流转收入，多方受益。

3. 价值链

农业产业的原料领域存在两个重要矛盾：高级食品企业需要高质原料与现如今高品质原料需进口之间的矛盾；消费者需要吃高品质食品与市场无相关产品质量管理之间的矛盾。

瑞阳模式生产高质量产品，解决了高级食品企业的需求，不必受制于进口，满足了消费者对食品安全以及高品质食品的要求，食用不再有后顾之忧。从而从根本上解决了高品质产品的食品安全问题，以高质量用于高用途从而产生高价值。

4. 效率链

大面积土地流转有利于现代自动化作业，解放了劳动力，提高劳动生产率。农户权责分明的管理制度有利于提高生产效率。

5. 激励链

合作社实行目标定额制，多劳多得，收益与劳动激励制度完善，有利于激发耕者的积极性，提高整体收益。

6. 资源链

大规模土地流转使得企业具有更大发言权，农资、农机、农艺资源能更好地得以施展。大规模机械作业解放劳动力，部分劳动力可以从事工业生产，劳动力资源得到合理配置。统一的管理模式以及科学化作业保证了产品质量，为后期的食品安全提供保障。完善的仓储体系减少农户、中间商、粮仓、企业的流通环节，高效配置物流资源。全生态的生产流程，是对产品资源和环境资源的最好配置与保护。

六、借模式，造声势，扩大品牌影响力

模式是基础，要借模式造声势，形成品牌影响力。一是利用农业热点，打造瑞阳模式，形成极大关注，打造品牌知名度，提升品质认知度；二是打造瑞阳基础粮的社会认知（消费者的影响力），拉动食品工业的价值认知。

借助于行业会议、食品安全与发展论坛、全国农产商会土地流转论坛等的影响力，策划公关活动为品牌造势。几个月后，农资企业来了，银行贷款也来了。下游企业纷纷聚集，基础粮产品销售有了新转机。

2012 年以来，瑞阳已在滑县流转土地 26.5 万亩，通过有机转化，现有 5 万亩已经达到有机小麦、有机玉米、有机秸秆的国家标准。有机小麦已经销往茅台、五粮液等战略客户。有机玉米、有机秸秆等已销往上海光明乳业、四川正大饲料等知名客户。

瑞阳集团和博思特一年多的合作，瑞阳模式开始声名鹊起，社会形象，社会影响不断扩大，成为现代农业的“示范典型”，真正成为了“价值农业的引领者，是土地价值变革实践者与推动者”。机会之所以是机会，就是因为大多数人看不到它是机会。

第三部分

农业高附加值品牌打造

第七章
农业品牌的特征

2017年1月23日，农业部网站发布了《农业部关于2017年农业品牌推进年工作的通知》，正式确定2017年为农业品牌推进年！

中国的农业要实现转型升级，满足人民日益增长的需求，适应国家供给侧改革的需要，实现农民共同致富的目标，品牌农业是最有利的抓手。

农业部将成立农业品牌工作领导小组，统筹协调全国农业品牌工作。进一步明确我国农业品牌的发展方向、工作重点和实现路径。

从现在开始，农业部全面推进农业品牌建设工作！

第一节

农业品牌的基本特征

王玉梅在城里居住已经二十多年了，作为家庭主妇，每天下午都要到超市买菜，以前她都要精挑细选，仔细甄别，折腾上几个小时。如今只要通过手机上网登录农产品示范区公共服务平台，输入标签上的追溯码，所有信息都一目了然，一次购物不超过半小时。

王女士说:“前几年让有毒瓜菜报道吓怕了,每次买回家都要反复洗上好几遍,有时还得用洗洁精,就算售货员告诉咱是有机产品,心里也犯嘀咕,因为不知道蔬菜是怎么种出来的,总是放不下心。现在好了,只要上网输入追溯码,所有信息都蹦了出来,心里就有数了,吃起来也就放心了。”

消费者只要登录该平台,输入相应的产品追溯码,包括产地、生长周期、施肥情况以及生产责任人等所有信息都可以查询,实现了源头可追溯、流向可跟踪、信息可查询。让消费者明明白白消费,一旦发生质量问题可以在第一时间召回产品,并可以直接找到责任人,结束了过去农产品销售‘一锤子买卖’、难以维权的现状。

物联网技术助特色农产品走出新疆

“从田间地头到工厂车间，到仓储物流再到厨房餐桌，完整的过程都可以通过'身份信息'了解，这才是放心的食品。"近日，在商超大采购的程女士用手机二维码查询了石河子某企业食用油的"身份证"，满意地选购了让她放心的商品。不仅是食用油带"身份证"，在超市里，拿起一个水果，只需在手机或是移动设备上扫描一下表面贴着的"溯源二维码"标志，这个水果的种植、采摘、包装、运输、配送的全过程便会一目了然。

二维码溯源系统不仅可以让消费者随时验明农产品的"正身"，还实现了生产有记录、产品能查询、质量可追溯，更扮演着品牌的"推广手"角色。甘甜的红枣、新鲜的牛羊肉等这些新疆特色农牧产品，近年带着独有的"身份证"在国内外市场越走越远。随着二维码溯源平台的成熟，一些走向高端市场的林果、红花籽油、葡萄籽油都带上"身份证"进入全国市场了。

除了"林果业"领域，二维码溯源更是向"畜牧业"领域拓展。新疆的羊肉鲜美一向誉满天下，畜牧人员给羊佩戴新型二维码标识，可录入有关饲养、防疫的信息。这样一来，羊就有了全国性公开的"身份证"，通过读码器输送，可以把关于羊的所有"身份"信息送到农业部中国动物卫生监督网，并准确地把免疫情况和养殖情况第一时间传送到农业部。

近年来，建设食品安全信息追溯体系，为食品登记"身份证"的做法已逐步推广。在茶叶种植环节，安溪县推行"联作制"管理模式，统一茶园农事管理、农资供应、病虫害防治、技术培训、质量检测和品牌销售，同时把茶叶来自哪里、施用什么肥料等信息一一录入条形码，使消费者对茶叶的生产信息一目了然。流通环节上，安溪在中国茶都推行市场准入制度，对入市交易的茶农实行实名登记，并在发放的交易卡上登记详细的交易信息记录，确保出现问题可凭交易凭证进行溯源追查。

品牌农业的基本特征

（1）可识别。品牌化的农产品，消费者可以从品牌标志、形象、理念、产品包装、产品品质等各个方面来识别，从而判断这个品牌的产品是否是自己所需要的。一般情况下，消费者在选择农产品食品时，市场上的大多数农产品还存在无产地、无生产日期、无标识的三无状态，产品价值低、安全无保证；

但是，品牌化的农产品则可以打消消费者的顾虑，轻而易举地在琳琅满目的同类产品中选出自己信赖满意的产品。比如购买大米，消费者为了吃得安全、吃得健康，一般不会选择市场上无品牌的散货，而是选择诸如中粮、金龙鱼甚至是京东等有品牌的产品。

（2）**可追溯。**可追溯是一种还原农产品生产全过程和应用历史轨迹以及发生场所、销售渠道的能力，以发现食品链的最终端，也就是有迹可循。品牌化的产品都有明确的生产厂家和产品信息，消费者可以直接根据这些信息进行追踪查询，这样就能判定产品是否安全、是否有高价值。现在有很多农产品食品企业都在积极建设可追溯系统以赢得消费者的信任和青睐。

（3）**高价值。**消费者选择品牌、企业建设品牌，为的就是获得品牌带来的高价值。消费者通过选择品牌农产品，来减少食品安全的顾虑，满足消费升级带来的高品质、个性化、健康有品位的农产品消费需求。企业建设品牌是为了获得高附加值。长期以来，严重同质化的产品经营已经使得企业无利可图，做品牌、做高端已然成为企业的唯一出路。

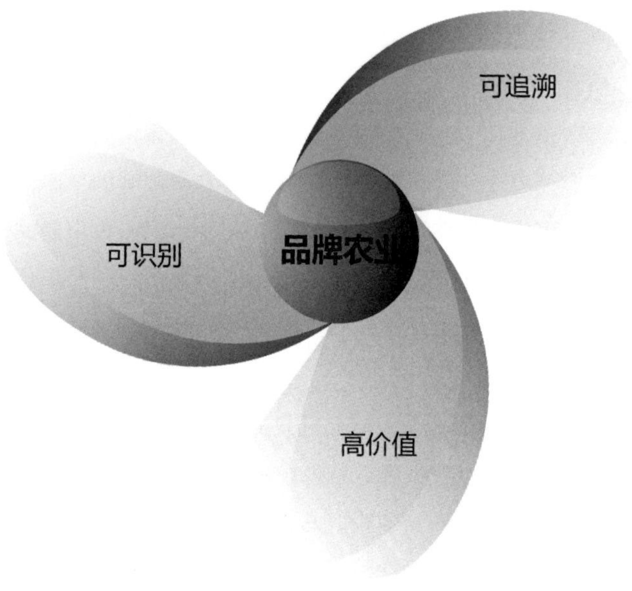

品牌农业的基本特征

从农资市场到原料市场，再到成品市场，农业品牌化的全产

业链延伸

通常情况下，人们所认为的农业品牌往往是指距离消费者较近，能够直接与消费者接触的农产品品牌。但是农业生产是一个庞大的产业链和系统工程，在这一链条中的每一个环节都会产生一个市场，同时也会成就若干品牌。消费升级、品牌农业的可追溯特征也要求农产品食品生产经营的各个环节都要实现高价值、高品质、高标准严要求，实现品牌化。

如图所示，农产品从生产到加工再最终到消费者手中，一般要经历三个市场。这三类市场之间是相互影响、相互连接的。因此，农资企业、种养殖企业、加工企业以及消费者之间能够实现有效沟通，每一个市场中都会形成若干品牌。

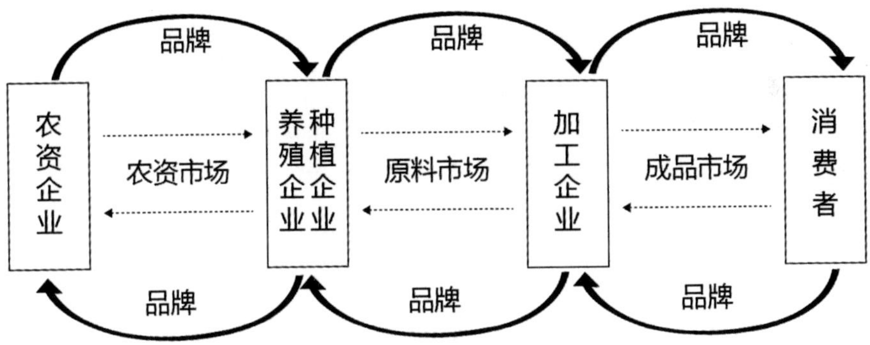

品牌农业全产业链示意图

农资市场，是农资企业与种养企业交易关系的市场，在这一级市场中成就农资品牌、种养企业品牌。所谓农资是农用物资的简称，一般是指在农产品生产过程中用以改变和影响劳动对象的物质资料和物质条件，如养殖设备、生产及加工机械、农药、种子、化肥、兽药等。通常情况下，农资品牌受种养殖企业的影响较大。

原料市场，是种养企业与农产品加工企业交易关系的市场，在这一级市场中成就种养企业品牌、加工企业品牌。种养企业品牌的建设一方面受农产品加工企业的影响，另一方面也受最终消费者的影响，这源于农产品原料市场的特殊性，即种养企业一方面可以不接触消费者只是为加工企业提供农产品原料，另一方面也可以成为最终产品直接与消费者实现交易，也就是说农产品原料市场有成品市场的成分。这一特殊性在生鲜市场、初加工农产品市场更为突出。举个简单例子，比如种植黄梨的企业，既可以在成品市场将黄梨直接卖给消费者，也可以在原料市场将黄梨作为原料供应给生产黄梨汁的企业，不管是哪种方式都能够树立起种植企业的品牌。

成品市场，是农产品加工企业与消费者交易关系的市场，在这一市场中成就农产品加工企业品牌。由于离消费者最近，成品市场是最容易形成品牌的市场。在这里需要强调的是，虽然成品市场离消费者最近，但是并不是说农产品食品加工企业所生产的产品都是和消费者直接接触的，很多已经加工过的产品也会作为原料供应给深加工食品企业。在成品市场中，农产品食品加工企业创建品牌受消费者的影响最大，可以说是得消费者得天下。

之所以划分这三类市场，主要目的是提醒农业企业在创建品牌时应该在哪一方面着力。比如，农资企业创建品牌最先考虑的应该是种养殖企业的消费需求，种养殖企业则应着重于分析农产品食品加工企业的消费特点，最后提供最终成品的加工企业创建品牌则要十分注重对消费者需求的研究。然而，不管是在哪个市场，每一个企业在创建品牌时都不能忽略消费者的影响，因为不管交易距离有多长，最终都是由消费者为企业的生产买单，消费者可以“用钱投票”企业的生死存亡。

互联网时代农业品牌建设的特殊性

互联网时代，给人类社会带来的最直接也是最大的影响就是：改变了连接的方式。在过去，由于信息技术的落后，人们获取信息、与人沟通连接等都相对比较困难，阻碍了个人能力的发挥。但是现在由于技术的进步，人们只要通过互联网就能建立与全世界的连接，这就意味着每个人都有机会获得前所未有的话语权。每一台电脑、手机后面都是一个活生生的人，他可以通过各种软件获取信息、与他人沟通，也可以通过各种方式发出自己的声音、表明自己的观点立场。从企业层面讲，每个企业也可以通过互联网直接与消费者进行连接。

当连接方式改变的时候，消费者的消费需求和行为也发生了巨大变化，农业企业在品牌建设方面必须积极应对这些变化：

1. 个性化需求

由于互联网给予每个人都能够发声的空间和机会，消费者的个性和差异化需求就得以充分释放。越来越多的顾客喜欢能彰显自己个性的差异化产品和品牌，消费需求从大众化消费转向小众化消费，总之就是和别人都不一样、有自己的特点和态度，回归到商业中来就是差异化。现实情况是，我国的农产品同质化十分严重、农业品牌的塑造也过分趋同，这就很难创造高附加值，需要向差异化方向转变。

2. 情感性关注

随着生产力水平的提高，物质的供应极大丰富，消费者对于产品的刚性需求已经得到了很大程度上的满足，消费者对于产品带来的情感体验更加渴望，这也是消费升级带来的结果。消费者选购农产品不仅仅是为了吃饱、吃好，还希望能有情感上的共鸣。

3. 圈层性传播

人本来就是社会化的动物，几乎每一个人都有自己的生活圈子、工作圈子、朋友圈子。形成圈子的前提条件是，人们能够在某一场所进行，也就是人与人能够形成连接，连接不成立，圈子也就不复存在。互联网技术大大拓宽了人们连接的方式，人们既可以在实地场所汇在一起，亦可以通过虚拟社区如微信朋友圈、贴吧、微博、论坛等聚在一块，这些汇聚在一起的人们形成圈子，圈子里的人们会有一些相同的因素，比如背景、爱好、思维方式等。在这样一个生态圈子里，大家一起沟通、交流、互动、分享，人们的言论、态度、观点前所未有地得到充分释放和传播，并且相互影响。也就是说：消费者对于某一品牌的认识可以直接传播并影响到他所在的圈层中的其他人，由于圈层中的人总有一些相同的特质，这种影响会更加深刻彻底。

例如，在这个圈层中的某个消费者购买了某一品牌的水果，感觉还不错，这位消费者就会在圈子里向其他人介绍、传播这个品牌的好，其他人就很有可能也选择这个品牌的产品，形成口碑效应。因此，农产品食品企业创建品牌时一定要十分重视圈层的经营。

第二节

农业品牌存在的问题

农产品食品品牌正在遭遇的问题

曾创办两家世界500强企业的日本著名实业家稻盛和夫坦言："做正确的事永远要比正确的事重要"。即方向对了，事半功倍；方向错了，即使方法再正确也是徒劳。

很多农产品食品企业张口闭口都在谈品牌，也想了很多方法费了不少心思，终究还是没有塑造出具备影响力的强势品牌，甚至一度认为品牌是可望而不可即。究其原因是在创建品牌方面误区太多。

问题一：注册个商标就等于有了品牌

很多农产品食品企业对于注册商标很是热衷，但是却很少花精力去经营，殊不知没有品牌知名度、没有市场影响力、没有产品利益联想、没有忠诚消费群体，商标最多就是个名字。

商标是一个法律名词，品牌是一个经济名词。商标是品牌的一个组成部分，它只是品牌的标志和名称，便于消费者记忆识别，但品牌有着更丰厚的内涵。商标掌握在注册人手中，而品牌则植根于消费者心中。品牌只有打动消费者的内心，才能产生市场经济效益，品牌巨大的价值及市场感召力是来源于消费者对品牌的信任、偏好和忠诚。注册商标要成为一个真正有影响力的品牌还要经历一个艰辛漫长的过程，品牌起名字和标志设计只是品牌建立的第一个步骤。真正打造一个卓越品牌，还要进行品牌调研诊断、品牌规划定位、品牌传播推广、品牌调整评估等各项工作，还需要提高品牌的知名度、美誉度、忠诚度，积累品牌资产，并且长期地坚持自己的品牌定位，信守对消费者所作的承诺，使品牌形象深入人心。

问题二：资源共享，品牌拥有者与经营主体模糊

中国地大物博，物产十分丰富，农产品食品品类多样，闻名全国的地方名品也很多，例如吐鲁番葡萄、北京烤鸭、烟台苹果、沾化冬枣、阳澄湖大闸蟹、祁门红茶等，这些品类都可以诞生世界级的伟大品牌。然而我国的农业企业在建设地方名品品牌时，最大的误区是将产地名称等同于品牌名称，例如“烟台+苹果”“阳澄湖+大闸蟹”“龙口+粉丝”“东北+大米”。企业之所以会这样做，是为了利用地域名品的高知名度，来减少进驻市场阻力。但是，烟台、阳澄湖、东北等是地方名词，是可以公用、不予法律保护的，企业不能专属这些品牌，其他企业或生产者也可以使用。既然没什么门槛，大家都可以使用，就没有企业愿意耗时费力的经营地方名品品牌了，即使是做了，也是为他人作嫁衣裳。更为糟糕的是，一些名品在一些企业的努力下赢得了消费者的青睐，其他生产者也一拥而上。由于没有约束，很多追求低成本、短期利益的生产者将低品质的产品带入市场，扰乱了市场，使消费者格外失望，地方名品成了“地方劣品”。

品牌的所有者是谁，这是品牌建设后续要解决的问题，产权关系不明晰，就很难对品牌实现有效的投资、管理及维护。品牌的主体可以是农产品的生产经营者、销售者、或其组合体或中介组织等，但不论品牌的主体是谁，它都必须是真正意义上的市场主体，应该是具有法人资格、以市场为导向、以盈利为目的的经济组织。

山东省沾化县沾化冬枣，是中国著名的地方特产之一，状如苹果，有“小苹果”之称，色泽光亮，味质极佳，营养丰富，被誉为“百果王”“活维生素丸”，深受消费者喜爱。然而，在最近几年“假枣”十分猖獗。2013 年 9 月，山东省乃至全国的蔬菜水果批发零售市场上，大批量的“沾化冬枣”就开始销售，很多商家都在摊位打着“正宗沾化冬枣”的牌子。而记者赶赴沾化冬枣主产区——沾化下洼镇采访时了解到，绝大部分真正原产地在沾化的冬枣还挂在枝头，批量上市要到十月份以后。下洼镇冬枣办主任张军利十分肯定地说："目前市面上销售的沾化冬枣，九成是假的！"为什么会出现这种情况呢？因为"沾化冬枣"的牌子是可以共享的，即使产品不是沾化冬枣也不会承担什么责任。更严重的是一些商家将劣质枣也宣称是沾化冬枣，严重影响了沾化冬枣这一地域名品的声誉。

问题三：缺乏核心价值

品牌能够助力企业获得高额附加值，企业可以直接从现实中发现，最直接的就是品牌产品比普通产品价格高很多并且还很畅销。然而到企业自己去做品牌时，却发现并没有获得所谓的品牌附加值。原因是什么呢？是你的品牌本身就没有价值。

品牌营销的四要个基本要素是核心价值、目标消费者、外在形象和沟通方式。核心价值是能让目标消费群体明确、清楚地识别并深刻记住品牌的个性和利益点，是驱动消费者认同、喜欢乃至爱上这个品牌的主要因素。一个企业品牌的核心价值是整个品牌的意义所在，也是消费者之所以选择购买该商品的充分理由，同时也是构筑该企业品牌竞争力的基础。真正的核心价值一定具备企业战略前瞻性、竞争差异性和消费利益感知三个特点。如果你的品牌产品和别的企业一样，或者不能满足消费者的更高利益渴望，消费者为什么要买你的产品？更不可能付出高价钱。

问题四：销售渠道规划不清晰，成为品牌价值提升的障碍

大多数生产者不会直接将产品销售给最终用户，在两者之间还存在一组完成多种职能的中介机构，这些中介机构组成了营销渠道。它们是产品或服务生产出来之后，被最终用户购买和使用过程中的一整套途径。

农产品的渠道很重要，它直接关系到农产品能否实现其经济效益，直接决定了消费者能否通过合适的方式，在合适的时间、合适的地点买到合适的农产品。

然而，长期以来，我们的农业生产经营者对农产品的销售渠道重视不够，造成了渠道结构模式单一，渠道不顺畅等问题。对于欲打造品牌的农产品而言，渠道是决定成败至关重要的一环，它的重要性超过其他行业。其原因在于，农产品一直处于初级市场阶段，传统渠道以大流通，摊贩自销为主，终端多是形象极低、面向大众的水果店、水果摊。有些形象不错的水果超市、特产店，又缺乏进行整合运作的中间商。KA 等高昂的渠道成本让人觊觎又望而却步。它没有像医药保健品、快速消费品等行业所具有的行业专属的、形象足够好、大众已有认知的成熟渠道。

许多企业对渠道环节尚未给予足够的重视，只顾得上种植、采购等生产端的力度，产品收摘后多半还依靠其他中间商来收购。这样一来，做品牌的意义完全丧失，依然停留在代生产的角色层面。

问题五：对市场的营销管控乏力，品牌营销虎头蛇尾

从种植走出来的生产商或者品牌商，往往习惯了抓生产，习惯了苹果下树枣子挂果后有人来收购，于是到了转型做自主品牌时，仍然只希望继续从事自己最擅长的领域，总是怀揣“只顾生产，只管收款”的美梦。这就像懒汉种庄稼，把种子撒到田里就再也不管，坐等最后收成。无疑只能靠天吃饭，将市场命脉交到不知道谁的手中。

可以说，对市场的营销管控是衡量一个企业是否已转型至品牌运营商的核心标志，它反映出企业对市场的影响能力。本来在同一条利益链上，一直存在生产商或品牌商与中间商的利益博奕。可以肯定的是，在你成为风靡一时的品牌之前，渠道商只会提供他的渠道，不愿进行过多的市场营销投入。何况农产品的渠道商较少，相对较为强势，而且对于品牌农产品运作经验其实也存在不足，这时就需要品牌商给予更多的营销帮扶。而新品上市的导入期，更需要企业对市场的高介入。

如果不进行营销管控，偶尔去终端看一看会吓一跳，精心设计的品牌产品像个垃圾一样堆积在一个不起眼的角落；如果没有管控，企业会发现价格不是自己想的那样，销售员只知道你产品的零售价格，折扣是多少，而说不上它究竟有什么独特价值，也不会首先推荐你的产品。说不定你提供的促销品，正在终端店里当作独立的小产品来销售。最重要的是终端不会主动为你做一些宣传和互动性的活动，这些，都需要品牌商深入到终端亲自去做。

第三节

高附加值品牌的内涵

把品牌关键信息植入消费者的潜意识

塑造农产品食品品牌，发展品牌农业，首先必须要认清品牌到底是什么。

“品牌”这个词来源于古斯堪的那维亚语brandr，意思是“燃烧”，指的是生产者燃烧印章烙印到产品上。简单来说，品牌就是“烙印”，是企业的产品、服务、文化等在消费者心中的“代表形象”或认知。菲利浦 · 科特勒把品牌定义为：品牌是一种名称、术语、标记、符号或设计，或是它们的组合运用，其目的是借以辨认某个销售者或某群销售者的产品或服务，并使之同竞争对手的产品和服务区别开来。

消费者通过品牌联想到企业的产品，也可以从产品联想到生产此类产品的企业的品牌。例如，提到“伊利”就会联想到牛奶，而说到牛奶产品就会联想到“伊利”这个品牌。品牌在消费者中的代表形象或认知，这种形象和认知既可以是积极的也可以是消极的，比如“景芝酒=高端芝香酒”，而“秦池酒=低端勾兑酒”。企业打造品牌肯定是往积极方向发展，发挥品牌的溢价能力。

品牌营销的四大要素包括：品牌核心价值、外在表现、沟通方式和目标消费者。

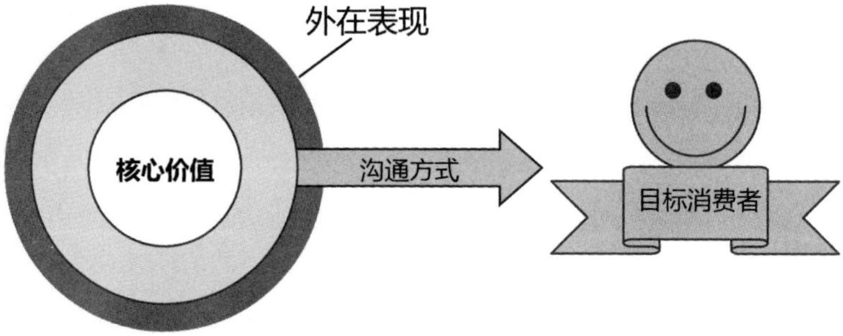

品牌营销要素图示

品牌核心价值：品牌核心价值就是企业相对于其他竞争对手的核心竞争优势。品牌核心价值是品牌资产的主体核心部分，它能让目标消费群体明确、清楚地识别并深刻记住品牌的个性和利益点，是驱动消费者认同、喜欢乃至爱上这个品牌的主要因素。品牌核心价值定位就是找到最能打动消费者的那个核心利益点。

真正的核心价值一定具备企业战略前瞻性、竞争差异性和消费利益感知三个特点。

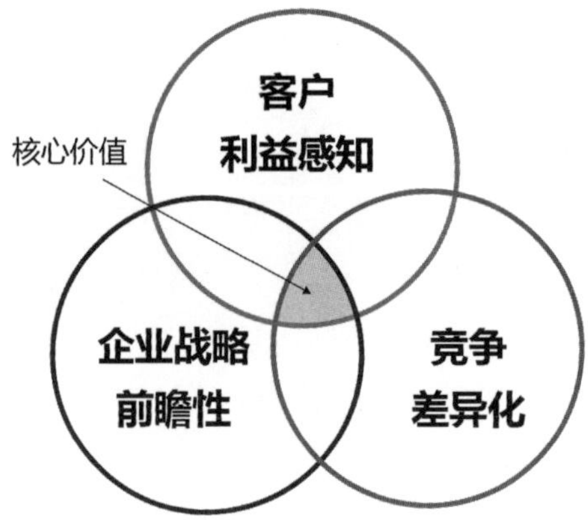

品牌核心价值示意图

品牌外在表现：品牌外在表现就是围绕品牌内在价值而包装的一系列形象表现，也就是品牌形象。它能直观地让消费者认识品牌的内在价值，反映品牌的实力和本质。

品牌沟通方式：是指一个品牌通过什么样的途径与手段，把核心价值和形象传播给目标消费群体。

目标消费者：品牌沟通的目的是要获得目标消费者的一致认可。沟通不是看你说了什么，而是消费者感受到了什么；不是要告诉消费者你有什么品牌，而是要让消费者知道你的品牌能够为他带来什么利益和价值。

品牌附加值大小取决于品牌能提供的价值

顾客的心理价值体现在哪里？马斯洛的需求分析理论把人们的心理需求划分为五个层次，分别是生理、安全、社交、尊重和自我实现的需求。本书中，品牌价值链的核心，就是把企业品牌的价值链嵌入顾客的价值链中，把顾客的需求转化为品牌提供的价值。

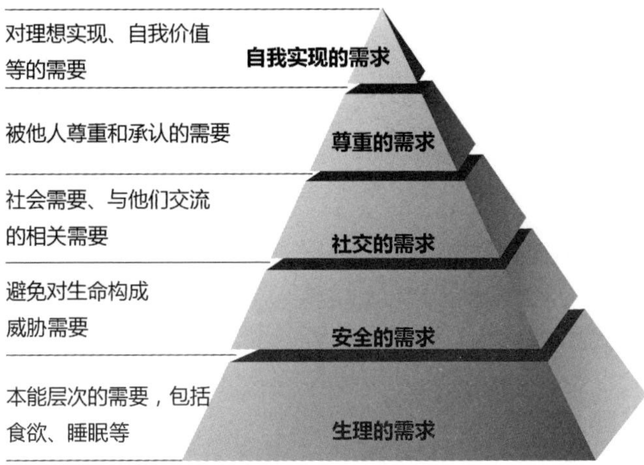

马斯洛需求层次理论（模型）

源于马斯洛需求层次理论，我们将品牌的价值分为如下四个层次：基本质量型、品质功能型、情感品位型和极致型。

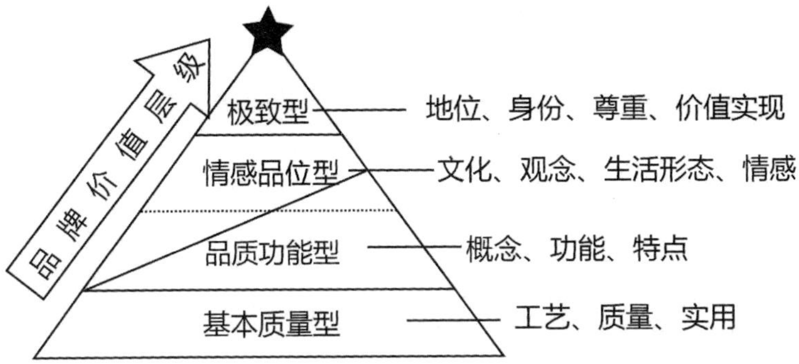

品牌价值度层级模型

第一层级：基本质量型。这类品牌的核心卖的是质量、工艺以及实用性功能；卖的是产品的基本属性价值，满足的也是消费者的基本需求功能。比如猪肉，它的基本功能就是满足大家吃肉的习惯和补充营养，厂家宣传自己猪肉质量好、新鲜、安全放心等就是这个层级梯次。

第二层级：品质功能型。这个层面的品牌主要宣传的是产品品质功能，在基本功能层面的基础上附加一部分增值功能。比如鸡蛋，强调是五谷喂养，自然、新鲜，突出产品品质的特色，明显区别于普通鸡蛋。品质型品牌强调差异化，满足消费者更高一个层级的个性化需求。

第三层级：情感品位型。情感品位层级品牌，为品牌注入一定的情感和文化内涵，让产品超越产品本身的基本功能，进入更高的层级。如"为您创造家的味道"就体现出思念对中年职业女性的关怀，她们既要忙于工作，又要照顾家庭，有时没有足够的时间给家庭带来美味可口的饭菜，思念来帮助这类消费者，为她们提供轻松、快捷、方便，可以让家人共分享的食品，为消费者不仅带来美味，更送去欢乐与温馨。

第四层级：极致型。当品牌上升到社会价值层面时，它代表的就是购买或使用者的地位、身份了。它给消费者带来的是尊重、高贵等极致型体验，可以极大满足消费者的精神追求。比如请客喝茅台，说明尊重客人，主人有一定身份档次。

品牌每上升一个梯次，附加值也随之会有一个量的提升；品牌价值度的层级越高，企业获取的品牌附加值就越高，也就是利润越高。

关于品牌的价值，也有一番通俗的演绎：

比如你的产品是一瓶酒，我问你，你卖的是什么？你可能说：我卖的是一瓶酒。

错了！这句话没有任何价值。

如果你说，我卖的是一瓶货真价实的白酒。那你卖的是基本质量；你的目标消费者就是注重基本品质好喝酒的男人，消费时机或许是男人在家里饭后自斟自饮，或者街坊邻居大杂院里来一瓶。这瓶酒，价格一定不高。

如果你说，我卖的是一瓶具有健肾功能的保健酒，喝了这个酒，能够滋阴壮阳。那你卖的是品质功能型。你的目标消费者是那些注重养生，或者身体有某种缺陷的男人，中老年人居多。消费时机可能是几个老年朋友相聚夸儿子时拿出来，更多的是男人自己在家里偷偷地喝。这瓶酒，价格会稍微高一点，但还要看你酿酒的原料值不值钱。

如果你说，我卖的是朋友的情分，卖的是一种生活方式，把酒送给朋友，就是表达自己的某种情感；或者和朋友喝这瓶酒，不用多说，兄弟情分都在这杯酒里了。那你卖的是情感品味型。你的目标消费者可能是那些商业界的精英人士，那些有一定生活品位的，经济能力较强的群体，是当前社会的精英阶层。消费时机更多是在商业朋友之间的宴请，或者某个圈子聚会时的首选。这瓶酒，价格可以高一点，他们愿意买，也买得起。

如果你说，我卖的可不是一般的酒，喝这种酒的人都是有身份的人，您要是来了尊贵的客人，拿出这个酒，客人即使喝一点，心里也高兴；要是送礼送这酒，那不是恩人就是领导。那你卖的是地位、身份和尊贵，就是极致型价值了。你的目标消费者可能是各界成功的人士，上流阶层，有尊贵的社会地位的人。

第八章
高附加值品牌打造

品牌，是一块金字招牌，是获得高额附加值的通行证。中国农产品要走出农田，走进市场，获得价值认可，必不可少要有打造品牌的战略思路，更要选择适合自己的品牌发展模式。

品牌是感动心灵的力量！是制约市场的力量，取悦消费者的力量，助推企业成长的力量。因为品牌，消费者有了信赖，有了骄傲，有了品位，有了个性，有了购买的理由。因为品牌，企业有了资产，有了责任，有了优势，有了市场渗透力，有了长青的生命力。

同样的产品，能否获得高额利润，关键在于是否有品牌，是否是知名品牌。中国农产品的丰厚金矿能否为我们所有，从走品牌之路开始。

品牌，让企业更有智慧……

第一节

高附加值品牌构建

品牌是什么？对于消费者来说，品牌代表信赖与可靠、代表放心、代表了解、代表个性和自我实现；对于企业来说，品牌意味着更高的附加值，包括：更高的忠诚度、更大的边际收益、对价格的弹性反应、营销沟通的有效性、更多的合作与支持，以及品牌延伸的可能性。

如果访问消费者，为什么选择某一个品牌，消费者的回答常常是模糊的，更多是凭感觉。实际上，消费者选择某个品牌源于潜意识中对于品牌的认知，或者说，在潜意识里，消费者会问品牌几个问题：

第一个问题：我为什么要注意到你？

第二个问题：你是什么？

第三个问题：与我何干？我为什么要买？

第四个问题：我为什么要相信你？

第五个问题：买得值吗？

这五个问题分别对应着品牌的个元素，第一个，也许是品牌的名称标识、主视觉形象或者广告语吸引了消费者的目光；第二个问题在说品牌定位；第三个问题要回答出品牌的概念点和利益点；第四个问题要回答品牌价值和定位的支持点；第五个问题要告知品牌在消费者心中的价值。

实际上，消费者买产品的时候，并没有理性地问过这几个问题，甚至消费者在购买某种产品或服务的时候，“没有想过为什么，莫名其妙就买了”，或者“也没有考虑那么多问题，说不清是因为什么”，调查中许多消费者这么说。

实际上，不是消费者“没有考虑”，而是他自己没有意识到，因为大部分关于品牌的信息保存在消费者潜意识里，或者是某个信息触动了消费者的潜意识，促使他做出的购买决定。

品牌要回答的五个问题，就是把品牌的关键信息通过品牌形象和传播，完整地植入消费者的潜意识，逐渐变成消费者有意识购买，如此，品牌就有了自己的生命力。

如何回答这几个问题，消费者关注的核心是什么？我用一个简单的工具来解决，就是品牌形象钻。品牌形象钻是品牌的战略体系，也是品牌完整的视觉系统。品牌形象钻包含七个元素：品名标识、定位、主形象、广告语、概念点、利益点和支持点。

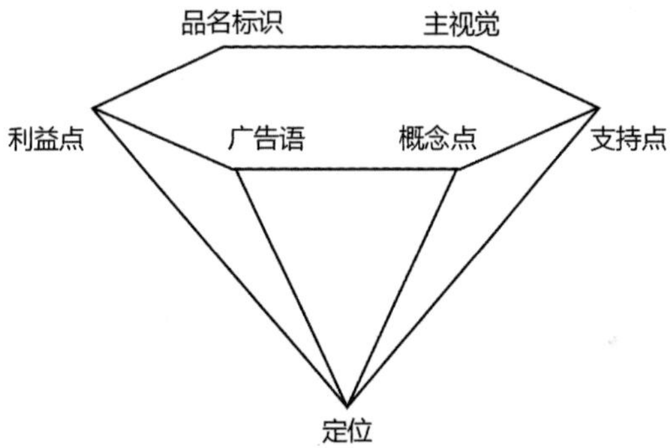

品牌形象钻具有不可估量的战略价值

在高附加值品牌的构建和成长中，品牌形象钻具有不可估量的战略价值。

品牌形象钻不是简单的设计和包装，我们必须站在品牌战略的高度认识它。它是能够影响品牌营销全局的策略，对品牌总体有关键性的意义，而且长期具有相对稳定性。

品牌形象钻的核心是品牌的价值定位，同时，定位也是品牌战略的核心。定位简单地说，就是借助持续、简单的信息在顾客心智立足，占据一个位置。最佳的效果就是让品牌在消费者心智中拥有一个字眼。比如沃尔沃的“安全”、加多宝的“怕上火”、六个核桃的“补脑”等。

战略是一个简单、焦点明确的价值定位，战略是买你的产品而不是你竞争对手产品的理由；战略是一致性的经营方向。战略决定产品规划，指导企业如何进行内外沟通，引导组织工作的重心。

品牌形象钻和品牌定位的战略意义在于：

一方面，因为定位在企业层面而不仅仅是营销层面的战略性，能够引导企业最高管理层直接参与、关注、思考这个问题；

另一方面，定位由于它的战略性可以得到整个企业资源的支持，从而在外部有更多的预算去抢占客户心智资源，在内部能够围绕定位这个核心去配置、组织资源以实现对外宣传的这个定位。定位如果不能得到战略性重视和战略性应用，其效果将大打折扣甚至根本就不能实现。

品牌形象钻七个元素

品名标识：品牌屹立不倒的帅旗

品牌命名的几个原则：

一是申请商标专用保护权。品牌名称要注册，避免后期可能发生的商标权之争。二是命名要简单容易记忆、易传播，比如IBM、海尔、耐克、奔驰、小米、苹果等命名；三是品牌名要有正向的联想；四是品牌名称要能够暗示产品的属性，最好是透过名称就能够看出是什么类型的产品，比如五粮液、脑白金、营养快线、高露洁、创可贴等这些命名。

品牌形象钻七元素中，品牌标志就是我们熟悉的品牌LOGO，每个品牌都有其独特的标志，比如我们购买的饮料中有娃哈哈品牌、康师傅品牌等，他们都有一个代表性的标志，这种标注就可以说是品牌LOGO。LOGO对于企业或品牌有识别和推广的作用，通过形象的LOGO可以让消费者记住公司主体和品牌文化。

LOGO在各个领域应用均十分广泛，主要作用是传递产品形象，由于出现频率最高、应用最广泛，同时也是最关键的元素，因此拥有强大实力的企业，其LOGO寓意着深刻含义，通过反复刺激和刻画，深刻地留在消费者的脑海里。

品牌标志是一种“视觉语言”。它通过一定的图案、颜色来向消费者传输某种信息，以达到识别品牌、促进销售的目的。品牌标志自身能够创造品牌认知、品牌联想和消费者的品牌偏好，进而影响品牌体现的品质与顾客对品牌忠诚度。因此，在品牌标志设计中，我们除了最基本的平面设计和创意要求外，还必须考虑营销因素和消费者的认知、情感心理。

品牌标志设计的关键点是：一是容易识别和记忆，标新立异，能让人过目难忘；二是具有行业相关性，标志能让人感知到这个品牌是干什么的，它能带来什么利益；三是能给人以美好的联想，造型优美流畅、富有感染力，带给人视觉和心理上的美好感受。

定位为其骨架

定位是你对未来的潜在顾客的心智所下的功夫，也就是把产品定位在你未来潜在顾客的心中。定位是品牌形象的骨架，曾国藩在《冰鉴》中说：“脱谷为糠，其髓斯存，神之谓也。山骞不崩，唯石为镇。骨之谓也。”翻译一下就是：“去掉稻谷的外壳，就是没有多大用途的谷糠，但稻谷的精华——米，仍然存在着，不会因外壳磨损而丢失。这个精华，用在人身上，就是一个人的内在精神状态。山岳表面的泥土虽然经常脱落流失，但它却不会倒塌破碎，因为它的主体部分是硬如钢铁的岩石，不会被风吹雨打去。”这里所说的“镇石”，相当于一个人身上最坚硬的部分——骨骼。

一个人的骨相，大多是传承基因的结果，而骨相也基本决定了一个人的容貌，因此，如果用来形容品牌，定位就是品牌的“骨架”。

博思特公司创立了独特而容易操作的定位方法：3C定位法，具体为：

第一，调研分析消费者心智，确定消费者对于某个产品的价值期待。

第二，分析外部环境，确定竞争对手是谁，竞争对手的价值是什么？

第三，访谈和调研企业内部各个环节和领域，寻找和提炼企业自身具有的独特优势。

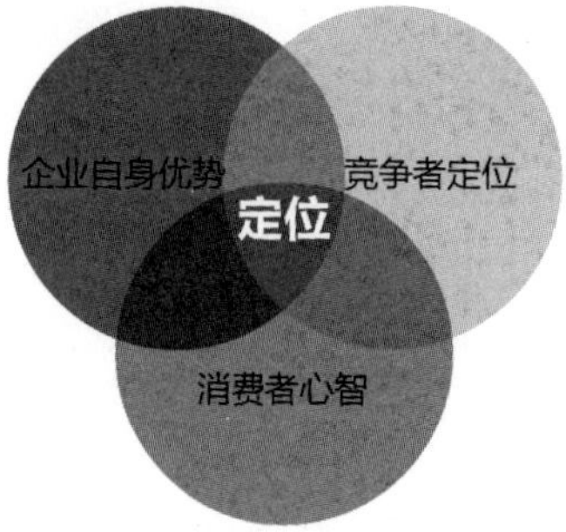

概念点：用有意义的消费者术语精确阐述的产品创意。

产品概念从本质上说就是产品卖给消费者的是什么利益点，即满足消费者的是什么需求点。任何产品都有其市场存在的理由，这些理由是因为消费者对该产品的利益存在着一定的需求。

随着卖方市场转变为买方市场，市场上产品急剧增加，花色品种日新月异，在日益激烈的市场竞争中，不同企业提供的同类产品在品质上越来越接近，同质化严重；另一方面，随着社会经济的发展和人民收入水平的提高，顾客对产品的非功能性利益越来越重视，在很多情况下甚至超过了对功能性利益的关注。于是一些企业逐渐摆脱了传统产品概念的束缚，调整了以往的竞争思路，那就是不仅通过产品本身，而且还通过款式、品牌、包装、售后服务等各个方面创造差异来赢得竞争优势。

产品的概念必须新颖、独特、能够引起消费者的兴趣。或者好记忆、易传播，能代表产品发展趋势，或代表新的一种生活方式（消费观念）。产品概念不是技术意义上的概念，而是市场意义上的概念。产品的技术含量最高的点不一定就是概念点，而最能体现出与竞争对手差异的点通常会成为概念点。

利益点情有独钟：一辈子赖上

关于品牌利益点的内涵有多种说法，其中之一认为包括两个方面：功能性利益和精神性利益，功能性利益指缘于品牌属性使消费者获得的独特效用，满足的是消费者对品牌的功能需求；精神性利益指缘于精神因素而使消费者获得的满足。

结合当前网络营销时代的特点，我认为品牌的利益点可以从三个方向考虑，一是感性的利益点，二是感官的利益点，三是理性的利益点。

本书的后面我会讲到利益点在策略体验营销中的运用，体验营销分三个层面，信息传递中的体验、消费者在特定场所接触的体验，以及产品在使用过程中的体验。品牌形象的主要作用在于品牌信息的传递，如何在最初的信息传递中让消费者产生对品牌的体验感?

利益点策略同样从三个方向考虑：你的目标消费者需要什么？企业本身能提供什么？你的竞争对手在承诺什么？不能承诺什么?

利益点可以分为功能利益、情感利益和经济利益。

功能利益不必多说，比如你的产品成本低廉、或者质量稳定、或者技术创新、或者款式新颖或者能带来健康、安全、节省时间等。但你要选择拿哪一点来诉求和宣传却要特别斟酌，一定要让你的诉求点得到广大消费者的认可并超过竞争对手，比如当年一次性婴儿尿布刚开始推出时，广告诉求点定位在解放母亲的劳动量上，虽然这个利益点是现实存在的，但却并不能让消费者认可，因为母亲怎么能不想孩子的感受而考虑自己的辛苦呢，哪个母亲不想让自己的孩子更舒服些，后来一次性尿布的广告诉求改成了更能保护婴儿的皮肤，所以才得到了广大消费者特别是母亲们的认同，因此诉求点不一定是你最擅长的利益点而是消费者最关心的利益点。

情感利益是指给消费者带来的心理享受，令人有面子、增加名气、美丽出众、感觉清新爽洁、受赞赏倾慕、增加自信、生活更舒适等。

经济利益是指能够为消费者赚更多钱、更省钱、更实惠等。

在利益点的诉求上，可以同时诉求功能利益、情感利益和经济利益，也可以重点诉求其中的一种或两种利益，具体看产品或品牌的发展阶段，或者根据前面对品牌的定位、广告语等的诉求方式而变，运用之妙存乎一心。总之，尽可能同时展示产品的功能利益，品牌的心理价值。

在营销上，有句话叫“认知大于事实”，一个产品具有再多、再好的价值，如果消费者不知道、不认同，那么所有这些价值，都不能为其增值。所以，我们常说，不要只是告诉消费者产品的功能，还要明确告诉他们产品的功效。这个功效就是产品能带给消费者的好处。只有好处才是消费者真正关心的，才能够成为打动他们的利益点，在情感上满足他们的需求，唤醒他们内在的消费冲动。

明明白白直截了当地说出你的利益点。我们只有把产品的功能价值信息点变成消费者利益点，让消费者了解我们的产品能为他们带来什么，才有可能吸引他们，也才有可能提高产品的附加值，并将产品的价值切切实实地转为品牌的优势。

你前面说了那么多，如果不加上清晰的利益点，消费者还是会转身离去。说出你的利益点，给消费者一个当下掏钱的理由吧。

广告语：将复杂的信息进行简单传播

品牌是复合多元的形象，需要从品牌的产品形象、技术形象、市场形象、社会形象等几个层面整合传播，最后在受众的心智中积淀，形成品牌的忠诚度和好感度。所以几个层面品牌形象的广告语是不同的，相同的只是品牌的核心价值。

所谓广告语就是品牌标语，它不是别的什么东西，是该品牌的主张或承诺。

品牌在相当长的时间内，是通过传播积累来完成认知的，具有一定的稳定性、识别性。品牌广告语一般情况之下都很简洁、短小、精练，字数控制在7～10个字，诉求方向上集中在品牌的主张、承诺或对消费者利益点的层面。通常情况下都会和品牌的组合应用或单独应用，或者以固定的形式出现在电视广告的结尾。

目前广泛见到的广告语按性质功用可分为三大类别：品牌广告语、品类广告语、产品广告语。这三类广告语，各司其职，相得益彰，在整合营销传播中互为补充，遥相呼应。

品牌广告语就是品牌在市场营销传播中的口号、主张和宣传主题及理念，包括品牌定位。品牌的所有主张或理念就是通过品牌广告语来承载和表现的。

大部分品牌广告语是价值理念类诉求，因为价值理念性诉求具有高度的概括性，其内涵深刻、隽永，寓意深远；外延具有很宽泛的延伸性，包容性极强。

表现形式短小精悍，发音响亮，容易传播，容易识别，朗朗上口，应用起来尤其方便。如果客户不朝三暮四，坚定不移地去传播的话，日久天长必定会形成理想的理念积累。

品牌广告语在表现形式上，最好是 5 ～ 8 个字，这 8 个字中必须有一个动词，发音最好是升调。整条广告语所主张、承诺、倡导的东西务必是肯定的、正面的、蕴涵品牌价值的。

支持点就是给消费者吃一颗定心丸

塑造品牌需要强有力的支持点，品牌的价值、定位、广告语等品牌表现，都要有支持点给予足够有力的支撑，让消费者对品牌产生更深的关注和信任。

主视觉的诱惑：一秒钟看上

想象一下，
在相遇的一瞬间，是什么让你怦然心动?
让你印象最深刻的是什么?
反复在你脑海里重现的是什么?
让你心跳加速，血压上升的是什么?
就是那个画面，如惊鸿一瞥，让你一秒钟爱上……

品牌形象钻七元素中，主视觉是最重要的视觉元素，主视觉表达品牌的基本属性，即品牌“是什么”的联想，是用最简洁的视觉符号表达但能阐释深奥的品牌内涵，人们即使不知道品牌的名称，但是，通过主视觉形象能够感受到品牌的价值。

比如雀巢的鸟巢图形，是品牌的主视觉。内斯特尔（Nestle）用自己的名字为品牌命名，在英文中有“舒适安顿下来”和“依偎”的含义。由于其名字的特定含义，与英文同一词的“Nest”（雀巢）相联系，以雀巢图案作品牌图形，在雀巢的产品旁边，总别出心裁地点缀着一个鸟巢，在鸟巢中，一只雌鸟在精心哺育着两只雏鸟，而这又会使人联系起待哺的婴儿、慈爱的母亲和健康营养的雀巢产品。不但表达出品牌丰富的内涵，从某种意义上，三只鸟和它们的鸟巢已成为雀巢公司无声的品牌代言者。名称和标志的紧密结合，在全球商标史上是较为经典的案例。

品牌形象钻回答了消费者要问的五个问题

第一个问题：我为什么要注意到你？

品牌的品名标志、主视觉、广告语、概念点都是可能引起消费者关注的因素。

第二个问题：你是什么？

定位能够完整地回答这个问题，比如雅客：我是维生素糖果等。

第三个问题：与我何干？我为什么要买？

利益点能够回答这个问题，比如加多宝：能够让你不上火；可口可乐：能够带给你快乐等。

第四个问题：我为什么要相信你？

支持点能够回答这个问题，比如特仑苏：我是独特地理位置生产的牛奶；六六顺粉丝：我有三浆醋酵技术等。

第五个问题：买得值吗？

同样，是定位和利益点能够回答的问题。

品牌形象钻诠释了品牌的战略价值，同时也是一套可操作的品牌元素构建的工具，农产品食品企业打造高附加值品牌，在确定了品牌的价值定位和竞争策略后，按照这套理论工具构建完整的品牌元素，并将这些元素通过有效的公关和传播途径，将品牌价值传递给消费者，形成目标消费者对品牌的感觉和认知。

说得清的只是理，行得通的才是道。

“品牌形象钻”是光华博思特百战验证的品牌建设康庄大道。

雀巢咖啡品牌形象钻示例

舒肤佳品牌形象钻示例

第二节

互联网思维的品牌价值传播

一秒钟看上 ·一分钟爱上· 一辈了赖上

网上购物，搜索“配方奶粉”有 61 万个产品展示；
搜索“鸡蛋”有 19 万个，最冷门的商品也有几万个；
皇帝选妃，3000 选 1，现在的消费者万里挑一。
大型商超里，牛奶制品 1000 种，肉制品 800 种，如何选择?
电脑升级是无限的，人脑是有限的，
面对无限的商品，10 分钟可浏览 10000 种。

这时候需要的是视觉冲击
众多产品中，一秒钟让消费者看上，才会点击，才会进入大脑思考。
从视觉进入大脑需要一分钟，认知到商品的价值，迅速进入体验状态。
经过体验，产生信任、慢慢习惯、影响价值观，从而一辈子的信赖。
看了一眼，进入了心田；
一次交易，开始心理体验；
信任习惯，影响了价值观，然后就是一辈子的信赖。

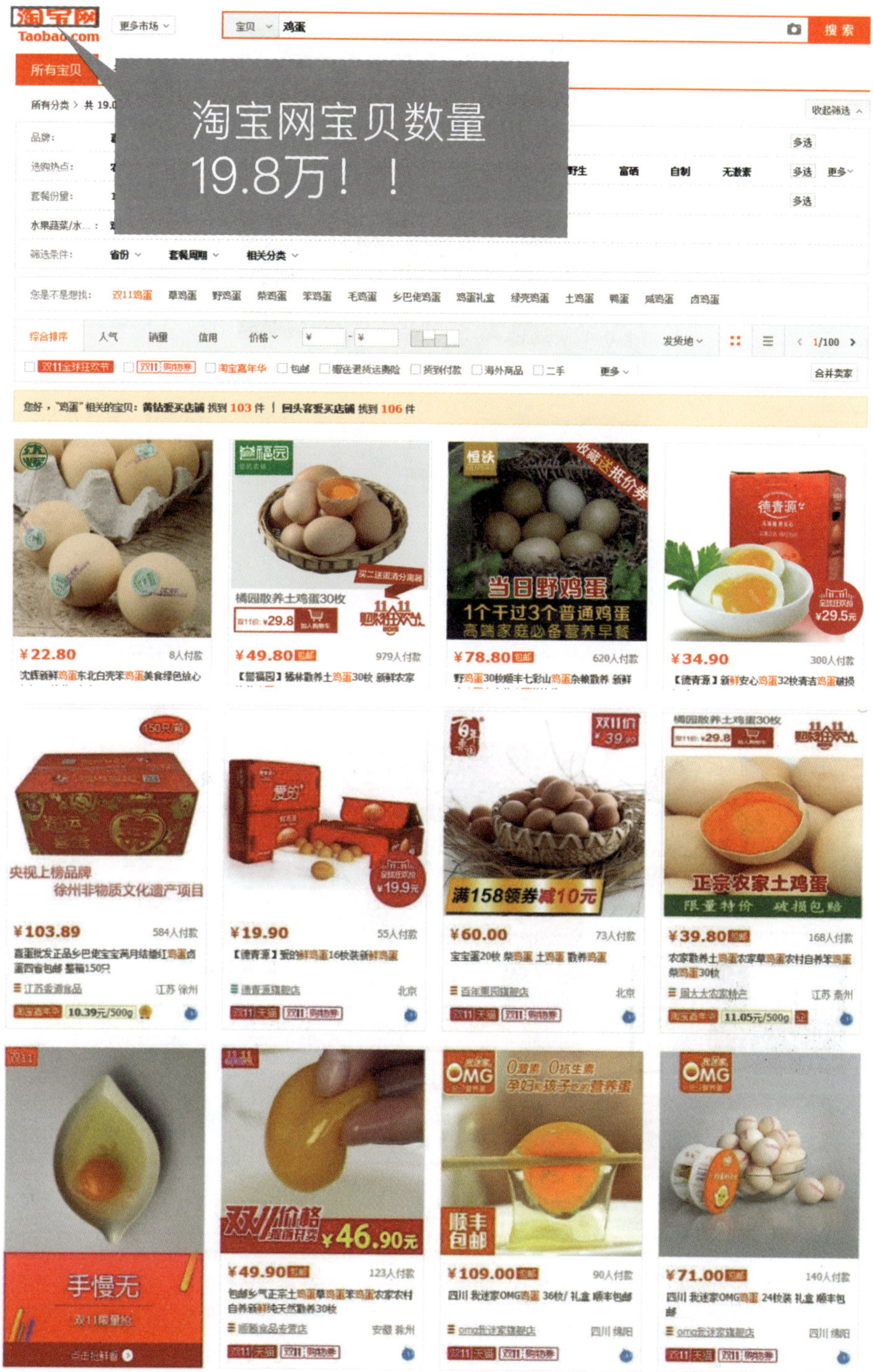
淘宝网
宝贝
鸡蛋
搜索
淘宝网宝贝数量
19.8万！！

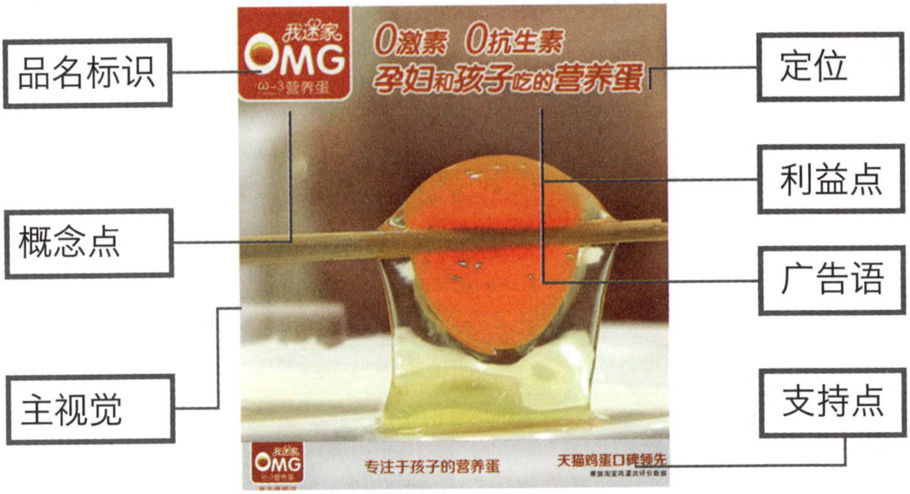
品名标识
概念点
主视觉
定位
利益点
广告语
支持点
我迷家
OMG
ω-3营养蛋
0激素 0抗生素
孕妇和孩子吃的营养蛋
专注于孩子的营养蛋
天猫鸡蛋口碑领先

浏览详细介绍

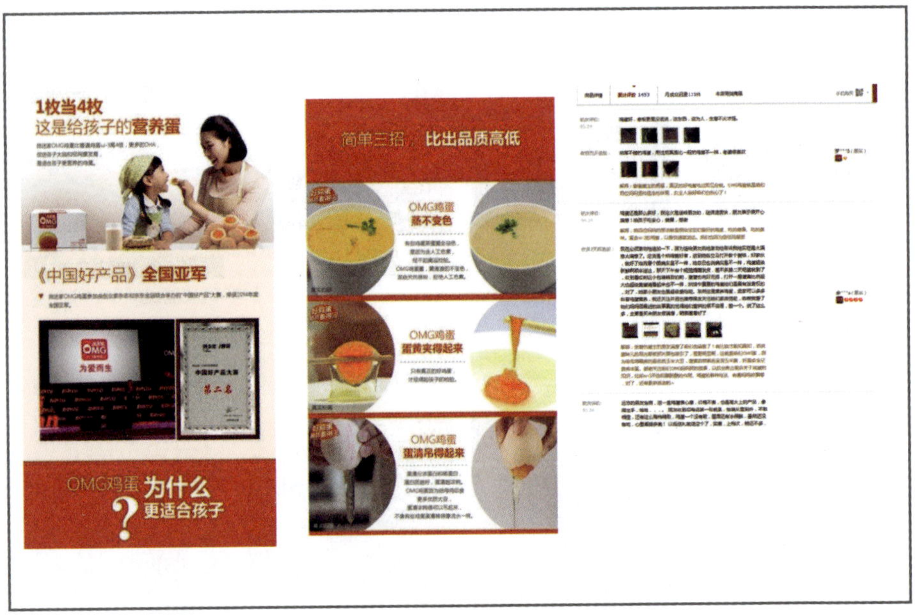
1枚当4枚
这是给孩子的营养蛋
《中国好产品》全国亚军
OMG鸡蛋 为什么 更适合孩子
简单三招，比出品质高低
OMG鸡蛋 蒸不变色
OMG鸡蛋 蛋黄夹得起来
OMG鸡蛋 蛋清吊得起来

第九章
高附加值农业品牌经典案例

祖名·国王的早餐：产业价值再造跳出低价值品类泥潭

维维、黑牛、杨协成，甚至椰树、伊利金典，这些品牌都曾经看好豆奶饮品，只可惜，他们都惨败而归。豆奶饮品，可有未来?

祖名豆奶，三鼓而竭，出路何在?

祖名豆制品股份有限公司，国内最大的生鲜豆制品生产企业，早在2009年就看好豆奶饮品行业，历经三次拼杀，未取得预期效果。

第一次：锁定早餐市场，创“为晨而生”品牌，结果未能蓬勃而生。

第二次：细分自饮市场，创“养自己”品牌，聘专业团队，结果仍然未养成。

第三次：聚焦家庭饮用，高浓度的“浓浆”豆奶最终未能情真意浓。

一鼓作气，再而衰，三而竭。

祖名豆奶完全失去了方向和希望，找到光华博思特为豆奶需找出路。

双价值定位，豆奶品类先天价值不足，去“豆”才有出路

任何一个成功的品牌都由品类价值和品牌价值两部分组成。光华博思特经过深入调研和分析，认为基于大豆原料和豆浆产品（豆奶的原型）的双重低价值，豆奶饮品存在先天不足——缺乏品类价值。

豆奶品类缺乏价值，建立在豆奶品类之上的品牌自然难以成功。这不仅仅是祖名失败的源头，也是维维、黑牛、伊利等在豆奶品类失利的源头。

祖名豆奶的出路很明确：去“豆”化，打消“豆奶”的品类认知，创新高价值新品类，在新品类基础之上，打造高价值品牌。

依托产业价值再造理论，打造高价值新品类

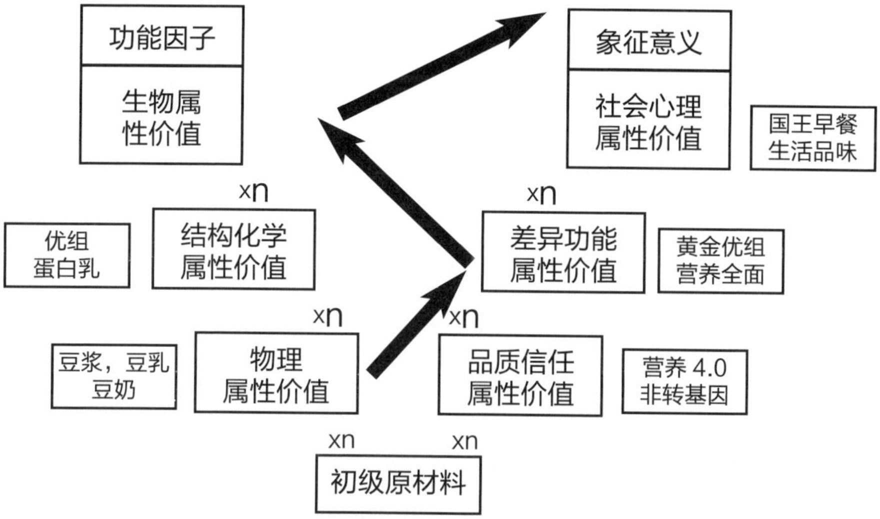

依托光华博思特的“六次产业价值再造”模型，我们在产品的性质改变方向进行创新，提出不卖“豆”而卖“蛋白”、不卖“大豆”蛋白而卖“多种”（牛奶、大豆、鸡蛋等）蛋白的混合，以此来弱化“豆”的认知。

添加其他蛋白原料以后，是不是卖“蛋白种类或含量多”？

借鉴金龙鱼调和油 1:1:1 的概念，光华博思特创意“黄金优组”（按黄金比例进行蛋白的优化组合）的概念，结合产品的原料特点和产品的蛋白饮品属性，将产品命名为“蛋白乳”。

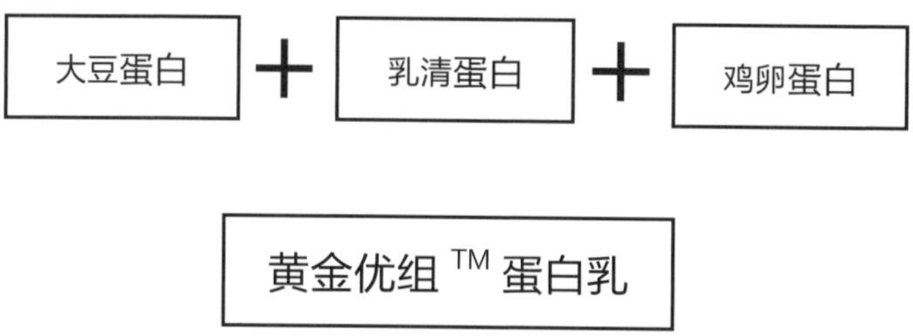

黄金优组蛋白乳跳出了豆奶的低价值泥潭，成为了蛋白饮品行业的高价值新品类。

“组合”的品类价值

多种蛋白质，按照科学优化的组合配比而成，最能贴近和满足人体的营养需求，提升健康活力。

品类价值：黄金优组™蛋白乳

借力原力文化，创意高价值品牌

结合产品特征，特别是祖名在目标市场的渠道优势，我们将“黄金优组蛋白乳”的市场定位为早餐蛋白饮品。

好的品牌名称，需要满足三个方面的诉求：体现产品价值、关联产品定位便于记忆、有一定的独特性引发关注。

情感品位性品牌

- “早吃好”原力文化传承
- 高价值早餐的个性表达
- 潮流前线的欧式风尚
- 互联网年轻态标签式产品

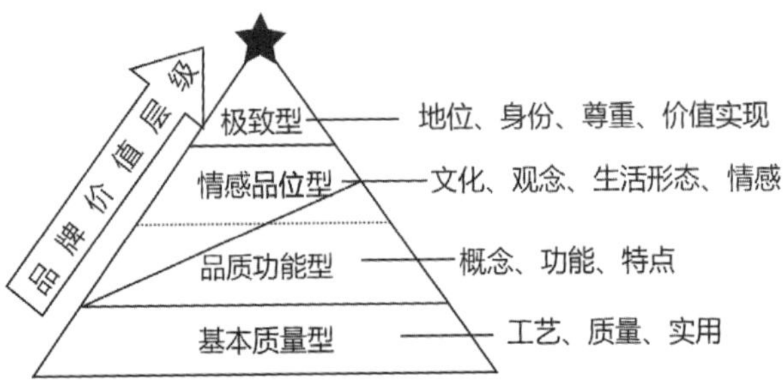

品牌阶级度层级模型

既然定位为“早餐蛋白饮品”，就要满足消费者对早餐的需求。对于早餐，中国有一句俗话叫“早吃好，午吃饱，晚吃少。”在西方，也有类似的俗话，叫“像国王一样吃早餐，像绅士一样吃午餐，像乞丐一样吃晚餐。”“像国王一样吃早餐”网络上已成为一句现成的话语、成熟的认知。

黄金优组™蛋白乳
国王的早餐™
King's breakfast
黄金优组™蛋白乳
科学营养新早餐
国王的早餐
黄金优组蛋白乳
颜值女王
朊黄金
净含量:250ml 复合蛋白饮品
多彩早餐扫一扫

我们借助中国和西方对早餐观念的原力文化，以及体现“黄金优组”的价值感，最终创意品牌名称为：国王的早餐。

与此同时，借助扑克牌这个大众广为人知的游戏载体和扑克牌上的西王国王形象，国王的早餐以扑克牌为视觉符号，打造品牌主题形象。

方向对了，销量才会来。光华博思特对 30 家终端示范店进行了持续半年的销量追踪，在没有一分钱广告费用投放的情况下，国王的早餐单店月销量可达 4000 ~ 5000 元，这个数字，远远超出了很多大品牌新品上市的销量。

昭通苹果·孔雀苹：品牌借势，点石成金

昭通苹果，不为人知，其生长于云南高原，苹果个头小、斑点多、果形不周正，当地人自称为“丑苹果”。这样一个看起来没有任何优点的产品，如何打造出高价值的品牌形象?

产地借势：背靠云南，提升产地知名度

地里长的，根在产地。这个根，不仅仅是实体的树根，也是品牌的根。

昭通市的产地知名度不高，但昭通市所在的云南则广为人知，且给人以美好的环境联想，有“七彩云南”“彩云之南”的美誉。人们对云南的农特产品印象很好，像玛卡、三七、茶叶、烟草、草药等，都是高价值的代名词。

昭通苹果既然是云南的，就可以利用云南带来的美好联想，将人们对云南农特产品的高价值认知移植到昭通苹果身上，实现“云南”和“昭通”的区域绑定，变不知名为知名，发挥云南特产的区域自豪感和全国流行力。所以，一枚来自七彩云南的昭通苹果，又何尝不是最好的、最有特色的苹果之一呢？！

基于此，我们将品牌定位确定为“云南高原生态苹果”，用云南和高原为我们的品牌背书。

符号借势：锁定孔雀，变特点为优点

既然是来自云南的苹果，那么云南特色的高原生态环境带来独特品质——云端上果，岂止脆甜，昭通苹果本身具有的黄金甜酸比、持久浓郁香和富硒多

营养的品质优势应该更加强化。

锁定云南特色的强势代表符号——美丽的孔雀，其翎眼和昭通苹果本身具有的果斑斑点相得益彰，由此，一个孔雀符号，巧妙地把昭通苹果变丑为美，将其对于昭通苹果“美化”与“活化”功能发挥得淋漓尽致。

一个朗朗上口的名称：孔雀苹，孔雀开屏，既能联想到云南苹果的美好，又能直观的打造出吉祥和文化之果。

一个抢眼抓心的 logo：孔雀形状的苹果，孔雀就代表着云南，品牌就是要抢占大众熟知的公共资源符号

一则寓意美好的故事：孔雀将自己的吉祥之意赐给昭通苹果和昭通人民，人民富足感恩，整个故事令人神往，至此，昭通苹果文化得到更大的升华。

一个丰富饱满的形象：昭通特色、云南风情与孔雀的完美结合，打造一个丰富饱满的孔雀苹形象，给人以最直观的美好感受。

项目感悟：农产品没有标准，唯一的标准就是将特点转化为优点。农产品不仅仅是农产品，而是地域文化的最佳承载体。

鱼八喜：双定位战略解决鲜鱼困境

2016 年 11 月，一条"因水体污染造成淡水活鱼大量下架"的爆炸性新闻，把淡水鲜鱼行业再次推上风口浪尖，鲜鱼安全问题引起了消费者广泛关注。

我国渔业从 20 世纪 90 年代后高速发展，逐渐发展为"以养为主，以捕为辅"，到 2015 年，全年水产品产量 6690 万吨，其中，淡水产品产量 2905 万吨，增长 5.1%，占全部水产品总量的 43.4%，2009—2013 年中国淡水鱼产量年均增长率为 5.5%。

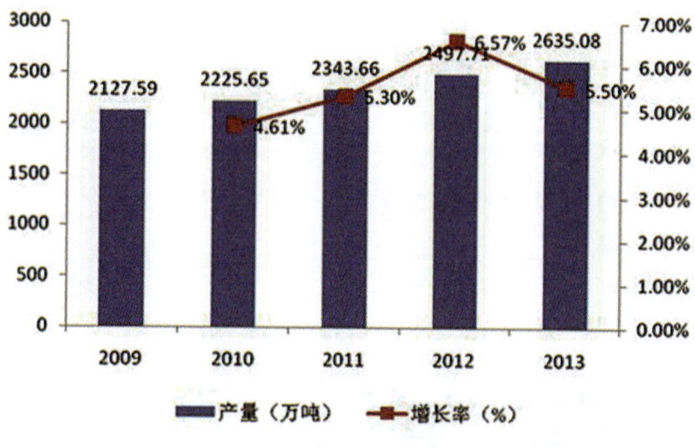

淡水鲜鱼作为初级农产品，长期以来处于品牌缺失状态，消费者买鱼主要集中在水产市场或就近的农贸市场，部分地区也出现了几个淡水鱼品牌，但实际销量都不大，远远没有形成全国性的品牌影响力。可以说，在国内淡水鱼缺乏品牌带动的模式下，很难对市场、消费群体形成强有力的引领和带动，也难以推动淡水鱼养殖的转型升级以及鲜鱼品质的提升。

但是，随着消费市场的升级，类似淡水鲜鱼类的初级农产品正快速走向品牌化，也唯有品牌化，能够解决淡水鲜鱼的养殖模式转型，解决淡水鲜鱼的品质与安全问题。

河南孟州黄河边的这家企业，建设了万亩黄河滩生态养殖基地，产品以鲤鱼和草鱼为主，销售区域集中在中部及西部市场。公司以生态养殖基地为保障，采用沙漏循环活水、停食净养 60 天的科学养殖技术，全程养殖环境达到活性生态循环，安全健康、肉质鲜美。

公司面临的困境恰恰是：以如此安全生态模式养殖的鲜鱼，同样买不上高价格！这是当前鲜鱼销售模式决定的：淡水鱼渠道的主要力量是活跃在各大水产市场的鱼贩或经纪人、物流商，依托水产批发市场传统渠道的经营积累形成区域市场大大小小的经营势力，以物流与价格形成掌控市场的主要力量，所呈现出来的是散点分布的局面。

打破这种低价值销售模式的方法只有一个：构建鲜鱼品牌，重构销售模式！

双定位战略模式基于消费者购买动机模式，以买鱼为例，消费者购买动机有两个层面：一是要买什么鱼，二是找到买这条鱼的理由；由此，双定位战略的内涵为：任何一个成功的品牌，要回答消费者的两个问题：第一，你是什么？或代表什么？第二，我为什么要买？前者称之为品类定位，后者则为品牌价值定位，缺一不可。品类和价值互为呼应，有时候可以二者合一。

打造鲜鱼品牌，我们从双定位模式考虑，充分考虑消费者需求、企业优势和行业竞争格局，我们将品牌价值定位为：活水净养；品类定位为：生态鲜鱼。围绕活水净养，创意可保护概念：“活尔净”生态养殖体系。

消费观念升级进入消费3.0时代，安全、健康、营养型成为居民消费的需求，由于鲜鱼药残超标和水质污染等因素，导致了鲜鱼安全事件频发，消费者购买安全、健康、营养的鲜鱼已成为迫切的需求。本企业采用黄河沙滤地下活水养殖，保障水质生态安全，并与市场上竞争品牌宣传的品种和全产业链价值形成区隔。目前政府针对水产质量安全进行严格监管，本企业严格的水产药品监控和出塘前净养降低药残，保障了鱼的安全品质，满足了消费者对鲜鱼安全健康的需求。

以定位为核心，构建鲜鱼品牌的完整元素。首先是品牌名称：

鱼文化以各种形式表现在民俗和艺术等各个方面，人们在食鱼生活经历中，给鱼注入了多彩丰富的民俗文化内涵。一般在重要喜庆场合鱼是必不可少的一道菜，如过年时“连年有余”；高考时“鲤鱼跃龙门”等，家有喜事必吃鱼成为消费者对美好生活憧憬的情感表达。

人生有八喜，家有喜事离不开鱼，品牌名称创意为：鱼八喜。当消费者心怀喜事去买鱼，一条“鱼八喜”不失时机地契合了买鱼的心理。

广告语——活水净养鱼八喜

把品牌名称植入广告语中，把核心价值和品牌名称进行锁定；加强化品牌认知和记忆，更有利于相互传播。

主题形象符号创意

一个产品要想有诱惑力，光有文字卖点远远不够的，如何让消费者在茫茫的红海中第一眼就认准购买产品，主题形象尤其关键。

目前鲜鱼行业品牌化较弱，要想占据鲜鱼行业龙头品牌宝座，必须以高端的品牌形象在行业中脱颖而出。我们博思特聚集全部设计创意人员进行创意公关，经反复论证把设计创意重点放在“活水”和“净养”这两个元素，把鱼八喜生

态鲜鱼的核心价值“活水净养”形象立体化。“活水”以动态的水体来表现，水质清澈无污染；“净养”在水体中添加水草等元素，还原生态的养殖环境，在水花上方跳跃出一条充满活力的鱼，整体表达鱼八喜生态鲜鱼“活水净养”的安全和健康。

在渠道模式设计上，从单一的传统模式向多元化和多样化模式转变，由原来的长渠道模式向扁平化转变，增加直销比重，降低对经销商的依赖。放弃原有低端批发市场，占领高端商超和酒店餐饮市场，以高举高打姿态打造高价值品牌形象。

北京资源黑尔美：打造高价值品类，阻击行业第一品牌

2014 年，中国猪肉国内消费量 5716.9 万吨，中国占全球的 52%，预计未来 5 年肉制品消费量 CAGR 约 6%，在巨大的市场容量下，而黑猪肉加工肉制品却寥寥无几。北京资源集团作为一个从黑猪养殖到销售的全产业链企业，主要以黑猪肉销售为主，目前黑猪肉初级农产品难以支撑北京资源集团的 3 年 10 个亿的销售额目标，未来如何打造爆品达成目标。

聚焦培根制品，打造高价值品类

通过多地区市场走访，行业调查和消费者调研，结合北京资源集团的优势，总结分析聚焦培根制品，抓住第二次培根制品爆发机遇，通过湘西铁骨黑猪品种价值，创新培根行业新品类，打造黑猪肉培根爆品。

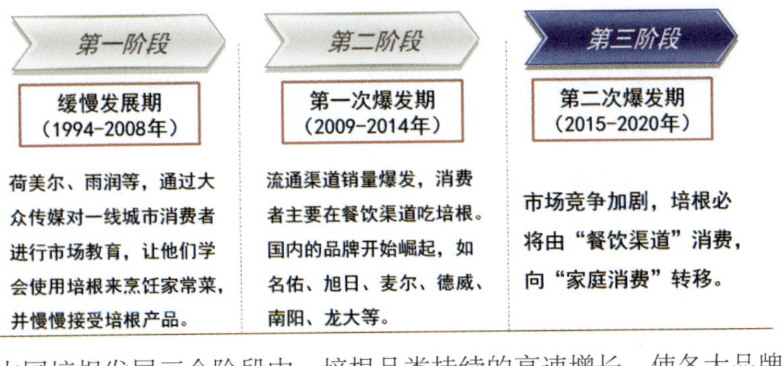

在中国培根发展三个阶段中，培根品类持续的高速增长，使各大品牌和资本纷纷发力，布局市场；未来培根必将由“餐饮渠道”向“家庭消费”转移。

在猪肉制品中，培根以更营养、安全的特征，逐步取代火腿市场，“安全”和“营养健康”是消费者在购买培根产品时主要关注需求。

现阶段培根品类没有具体的细分，主要以白猪肉为原料，根据风味划分：纯正德式培根、英式风干培根、意式发酵培根等品类。

北京资源培根选自湘西铁骨黑猪，放牧于北纬 30° 武陵山区，具有极高的营养价值，被历代永顺土司王朝列为皇家贡品。

经光华博思特品牌定位 3C 法，以湘西铁骨黑猪品种价值，锁定“铁骨黑猪培根”品类切入培根市场，满足消费者对培根“安全”“营养健康”的需求，提升北京资源食品培根品牌价值感。

高价值品类，狙击行业第一品牌

以“铁骨黑猪培根”为差异化定位打造高价值爆品切入培根市场，建立“黑猪肉培根品类第一”的市场认知。根据竞争力量和心智认知，建立直接针对竞争对手的市场定位，以“对立战略”向传统的“白猪肉培根”发起挑战，获取最有利的心智资源和认知优势，成为“黑猪肉培根”品类的领导者，奠定在培根行业的竞争位置。采用“对立战略”，选取培根行业第一品牌“荷美尔”作为直接竞争对手，通过与第一品牌的竞争，提升自身品牌的知名度和影响力，进入竞争格局第一梯队。

塑造高价值品牌形象，成为行业龙头品牌

品牌名称的创意基于从培根的自身属性思考；从资源培根的差异优势和“铁骨黑猪培根”品类定位思考；从消费者对培根的需求心理和价值定位思考；从竞争格局和竞争策略思考；从中国的饮食文化思考，这五个方面的思考，进行创意英文名为“healmeet”，中英文相辅相成，进行音译，中文名称为黑尔美。

“王朝贡品黑尔美”品牌广告语，嫁接湘西黑猪为土司王朝贡品的历史传统和文化认知，体现产品的高价值感，为消费者选择提供强有力的理由。将品牌名嵌入进广告语，加深品牌印象，更深层次锁定黑尔美品牌产品和王朝贡品的关联度，提升产品品牌形象和价值度。

为了让黑尔美铁骨黑猪培根在众多的培根制品中跳出来，博思特聚集设计创意人员进行创意攻关，以锁定铁骨黑猪品种营养价值优势，根据北纬30°武陵山区养殖环境相结合进行设计创意，与普通白猪肉培根制品形成差异化区隔，更有利于吸引消费者的眼球。

以差异化的价值优势，打造高价值品类，塑造高价值品牌形象与行业第一品牌相竞争进入行业第一梯队。

永盛斋扒鸡：用品牌霸权抢夺地方特产的正宗地位

上面大品牌一家独大，下面小品牌低价竞争，具有事业企图心的二线品牌上下受挤压，该何处容身?

上下挤压，永盛斋谋求突破

新中国成立前德州七家“斋”字号扒鸡老店，目前仅存“永盛斋”。拥有“中华老字号”荣誉的德州永盛斋扒鸡，最近几年面对德州扒鸡集团的一家独大和以乡盛鸡为代表的低价竞争，上下挤压，多年未能取得突破性发展。

永盛斋竞争策略：用正宗的扒鸡工艺，霸占正宗的扒鸡品牌

扒鸡、烧鸡、熏鸡……是以鸡的制作工艺进行分类的。那么什么是扒鸡?自然是“扒”工艺做出来的鸡！什么是正宗的扒鸡?自然是“正宗”扒工艺做出的鸡！

经过调研我们发现，扒鸡的正宗工艺在消费者的认知里是缺失的。由此，永盛斋的品牌竞争策略便清晰而出：用正宗的扒鸡工艺，霸占正宗的扒鸡品牌。

概念锁定正宗工艺，树扒鸡品类正宗

深入分析永盛斋扒鸡制作的传统工艺，结合“扒”字可拆解为“八+手”，光华博思特提炼出了八项最核心的工艺，并创意出“八项绝艺成一鸡，故名扒鸡”这样一句话，来通俗易懂地解释扒鸡的来源。

同时，我们把“八项绝艺”概念化为“八扒”工艺，并把“八扒”进行了注册保护。“八项绝艺=扒鸡；八扒工艺=八项绝艺；扒鸡=八扒工艺”，拥有正宗八扒工艺的永盛斋，自然是正宗的扒鸡品牌。

区域文化霸占，树德州扒鸡正宗

全国多地都生产“扒鸡”，为什么德州扒鸡独占鳌头，成为全国知名的扒鸡特产?

答案就在德州扒鸡的历史和文化内涵。

历史和文化内涵定义了地方特产。
谁占据地方特产的历史和文化内涵，谁占据地方特产的正宗地位。

“火车”作为“德州扒鸡”的品牌符号，远远代表不了德州扒鸡的历史和文化内涵

永盛斋用什么品牌符号来代表德州扒鸡的历史和文化内涵，从而占据德州扒鸡的正宗地位?

品牌符号，是区域自豪感和全国影响力的综合体。
京杭大运河是德州市、德州人的骄傲，是德州扒鸡产生的根源；
京杭大运河入选世界文化遗产名录，是中国人皆知的历史文化符号。

永盛斋品牌符号：运河畔、老德州、永盛斋、老字号

产品包装的符号化

永盛斋新老包装对比

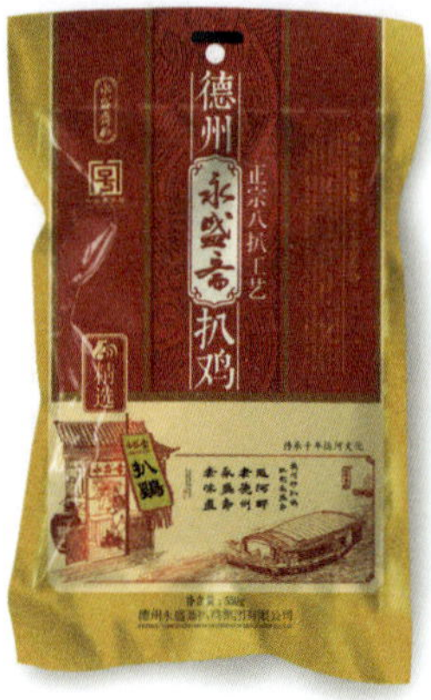

永盛斋与“德州扒鸡”的包装符号对比

项目成果：销量翻一番　领导品牌紧模仿

2016 年初，永盛斋新品牌形象、新包装产品上市。2016 年全年销量比 2015 年翻了一番。

随着“八扒工艺”的深入人心和永盛斋品牌的销量猛涨，领导品牌放低身段跟进模仿。

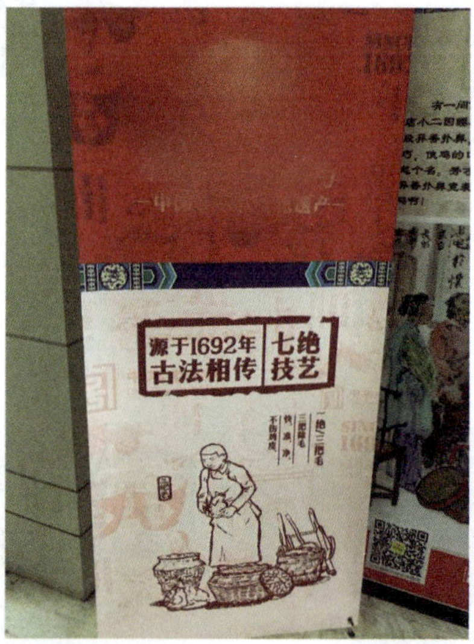

领导品牌用“七绝技艺”跟进模仿

领导品牌的跟进模仿，是对我们策划成果的最高致敬！

完达山·脑立方核桃乳：价值核心聚焦，成就明星单品

一、“乱”说核桃乳行业现状

近几年,中国植物蛋白饮料领域风起云涌，核桃乳行业在六个核桃的带领下，表现异常火爆。养元六个核桃凭借单品突破一骑绝尘，销量连年翻番快速突破百亿。随之而来，众多企业垂涎于植物蛋白饮料行业的巨大诱惑，眼羡于六个核桃的快速增长，什么核桃乳、核桃奶、原浆核桃、纯浆核桃、鲜磨核桃、细磨核桃、烤香核桃……各种概念开始层出不穷，六颗核桃、六大核桃、七个核桃、八个核桃、九个核桃、大赛核桃……拙劣模仿花样百出，概念战、价格战、促销战不绝于耳，甚至于令人不齿的终端黑手战也缕现街头。甚至不少知名品牌也停止观望纷纷攀亲进入，都想尝它一杯“核桃乳”。市场走访中除露露集团的杏仁核桃露、大寨核桃露、致养原浆、山东好+1、九仁、云南摩尔农庄等品牌之外，我们还了解到蒙牛核桃奶、伊利核桃乳、王老吉核桃乳、娃哈哈都是核桃也纷纷进入市场。更让我们惊奇的是就连河南老牌企业“春都”也凑出个核桃磨浆，咋看都觉得一股火腿肠味。看来原本就五味杂陈的核桃乳

行业，后头还有好戏看。现如今的核桃乳行业已经处处充斥着包装抄袭、概念模仿、低价劣质、杂牌代言，怎一个“乱”字了得。

那么问题来了：完达山作为一个老面孔，是高举高打造势抢位，还是低调跟随甘当小弟，到底该怎样才能在如此混乱的行业中分得一杯“乳”呢？俗话说拜啥山门唱啥歌，想入行还得先学潜规则。

二、“戏”说核桃乳行业潜规则

1. 产品潜规则——养元罐子里到底里面有没有六个核桃？

这个问题，行业内已经争论差不多十年了。我只想说，你喝过七个核桃吗？或者你确定你喝的“六个核桃”，不是八个核桃或九个核桃？

毫无疑问，核桃乳行业的成功得益于六个核桃的成功。个大粒多不见得好喝，可以肯定，六个核桃的成功绝对不是因为240毫升的铁罐里真有“六个”核桃。消费者买的是对六个核桃产品的品牌认同。所以，消费者买六个核桃不是因为它罐里核桃多，作为同行就别替别人操心啦。

当然，至于六颗核桃、六一核桃、六仁核桃、六大核桃、大个核桃之流，相信消费者只要买过一次，以后保证永远记住你，恐怕再也不会上当了。说不好，核桃个数越多的企业可能会死得越快。所以，机会来了，拙劣模仿终究为同仁所不齿，想借势跟随还是得讲策略借巧劲。

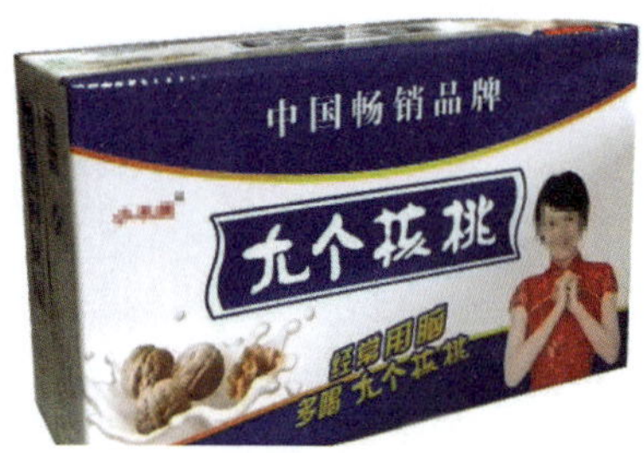

2. 价格潜规则——价格倒挂，企业和渠道商赚钱吗？

不少营销人员反应，真拿代理商没办法，六个核桃甚至一分钱不赚，可他们还是乐此不疲堆满仓堵住门。我们的产品一箱能赚五六元，他怎么就是不进货不陈列呢？

多少次我亲眼目睹消费者在六个核桃摆箱前喊“老板拿箱六个核桃”。“好…勒…”老板应声从桌子下提箱“xx 核桃”递给消费者，消费者瞟一眼只看见“白底蓝罐代言人”便付款提货走人。

“服务再好不如多赚块儿八毛”“最好的服务就是把价格再压压”。生意人永远知道卖什么最赚钱，有利润的产品没销量，销量好的产品不赚钱。市场做穿价格倒挂，这是快销品行业永远避免不了的问题。我们还是多研究一下如何应对产品老化、如何进行产品创新、如何进行搭配销售、如何进行终端动销吧！

3. 市场潜规则——城里没见怎么火，百亿销售从哪来?

六个核桃真是神了。身边人好像没几个喜欢喝六个核桃的，它是怎么打败露露和大寨实现成功逆袭的？品牌定位出奇迹，一句话点醒梦中人。

微分行业没有老二，品牌抢位一骑绝尘。

从饮料行业细分到植物蛋白饮品，再从植物蛋白饮品微分到核桃乳。植物蛋白饮品是一个市场微分的小行业，就像杏仁饮品之露露，椰汁饮品之椰枫。小行业只有第一品牌没有第二品牌。打开市场的是消费者对产品利益“核桃健脑”的原始认知，缔造品牌奇迹的是产品利益联想与品牌价值诉求的自然嫁接。

六个核桃虽然比大寨进入市场晚，但是“经常用脑多喝六个核桃”这句朗朗上口的广告语，却抢在大寨和露露之前，一步实现了“核桃健脑”这一利益诉求对“六个核桃”品牌名称的无缝嫁接和锁定。“核桃健脑”是消费者心自然存在无需教育而且又根深蒂固的。消费者的大脑记忆有限，尤其是这种微分市场的小行业，他们更是懒得去记第二个品牌。谁抢先诉求并实现消费者心智抢占先机，谁就将先入为主立于不败之地。所以行业两极分化会越来越严重，领跑者养元一枝独大，与第二、第三名之间的距离也已经扩大到几十倍。随着行业的不断成长，六个核桃只要自己不犯错误，他将永远是行业成长最大的受益者。

4. 消费潜规则——低端市场出奇迹，饮料也能当礼品

高度知名中档价位，三四线市场饮料也能当礼品。

根据本人对植物蛋白饮料市场的多年观察，六个核桃的成功应该感谢两个品牌。一个是大寨，多年的央视广告教育了全国消费者，核桃露是个好饮品。但由于大寨核桃露产品价值诉求模糊，多年来的广告投入始终没能实现消费者对品牌的价值认同。第二个是露露，多年来一直占据植物蛋白饮料第一品牌，却一直深居酒店渠道，流通市场一直没能引起重视而不温不火。所以说大寨核桃露的消费者教育和露露县城农村流通市场的大面积空白，为六个核桃的暴发创造了绝佳的市场机会。高知名度中档价位，快速成为三四线城市和农村市场的礼品首选。

礼品市场却支持了核桃乳市场的半壁江山。消费者对核桃乳的认知是用核桃制成，内含核桃成分相比其他饮料更健康、更营养，适合全家老少饮用，价格中档，送礼也不会掉面子。

三、“简”说核桃乳竞争格局与机会洞察

1.“健脑”深入人心，苗条砖产品存在市场机会

六个核桃以“健脑饮料”定位让核桃露发展为植物蛋白饮料行业重要分支，六个核桃在核桃乳行业一枝独秀，市场对核桃乳的认知逐步成熟“核桃乳 = 健脑 = 六个核桃”；

大寨、露露等一批行业跟随者深陷市场被动局面，在健脑的混战中丧失市场优势；

在核桃露“健脑”深入人心的时刻出现了产品过早的细分，健脑概念开始泛化，苗条砖产品尚未形成规模，这对苗条砖产品赋予“健脑”概念，逃离牛奶低价竞争的泥潭，提升产品附加值是绝佳的市场机会。

2.“营养”不是核桃乳的专利

行业都在一片“健脑”声中混战时，产品创新是跟随者跳出泥潭的唯一出路。

策略启示：

功能定位——除了健脑，别无他求。

品质定位——产品乱象之中注定是品质的较量，谁的品质好受选择的几率就高。消费者担心的问题不是健脑效果，而是假货、香精、添加剂、核桃含量，此阶段品质引导大于功能宣传。

市场定位——与其混入红海不如叫另辟蹊径，刚好六个核桃强势开拓学生市场，在一个空间有限的小品类市场，作为后来者谁都明白开江拓土难顺势跟进易。

四、“概”说完达山核桃乳市场竞争策略

1. 借势超越，单品突围

产品定位：借势跟进六个核桃“高考季”，并通过品质领先顺势超越，突破学生及儿童市场，实现单品突围。

市场目标：打造苗条砖类核桃乳健脑第一品牌。

产品利益：核桃益智，健脑有方，全面营养，专业品质。

产品及价格策略——第三季（除春节、中秋之外的高考季）。

（1）首选市场及目标人群：南方，三四线市场经常用脑人士，学生儿童为主，31～40岁人群为辅。

目标人群心态：孩子聪明学习好，好喝爱喝更好玩；家长爱护孩子；望子成龙。

（2）名称创意——脑立方。

（3）广告语创意——爱脑有方，脑立方。

爱脑 VS 用脑

爱脑，既能与六个核桃经常用脑相联系，又能高于用脑，借势超越，更加突出爱脑，更受消费者欢迎。

有方 VS 多喝

脑立方不是单纯要求消费者多喝什么饮品，而是更加强调有方法有智慧地爱护大脑，更符合消费者营养需求。

脑立方 VS 补脑、健脑

脑立方，意味着立体全方位健脑，比普通核桃饮品的补脑健脑更加全面系统，更具科技感，健脑更有智慧。

（4）利益支持：9大爱脑关键成分，强化脑营养。

核桃磷脂、核桃蛋白、牛奶蛋白、牛磺酸、亚麻酸、亚油酸、益生元、DHA、AA。

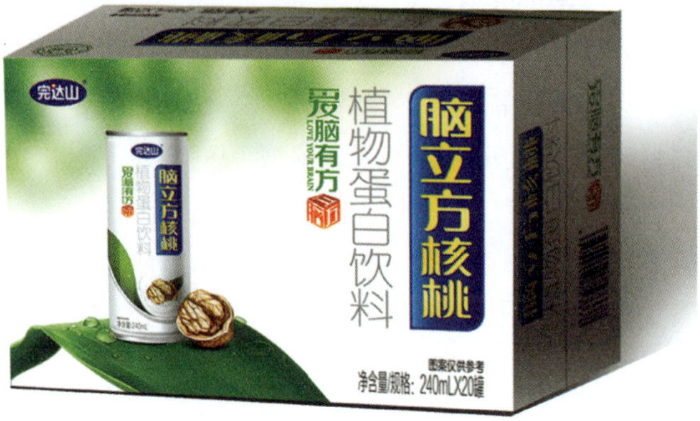

2. 脑立方渠道招商及市场推广：

点状突破，以点带面。重点区域点状突破；区域内重点渠道点状突破；重点消费时机点状突破；产品点状突破，线状延伸。经过周密的市场部署和招商推广，产品迅速受到市场认可，并很快成为企业成长最快的明星产品，产品上市一年多单品销售业绩突破 3 个亿。

随着前期市场的快速渗透和产品的广泛接受，系列新产品也已做好陆续跟进的准备。

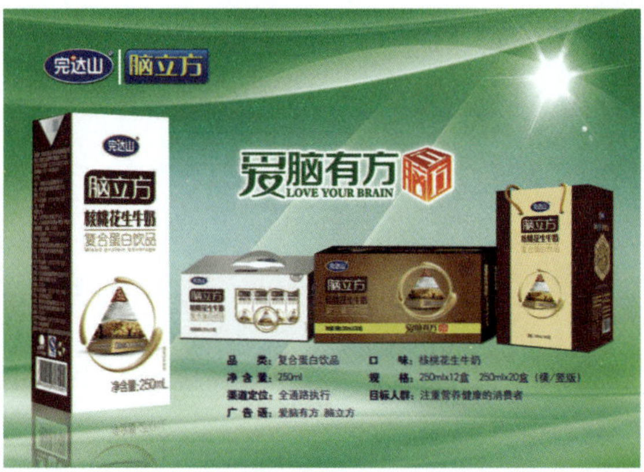

大奶瓶教槽料：同质化泥淖中绽放的璀璨之花

同质化问题，是任谁也难以摆脱的市场困境，尤其是饲料行业，无论猪饲料、禽饲料，水产饲料，迅速同质化、高度同质化，让身处其中的企业苦不堪言，从早期的跑马圈地，到后来的价格战，再到如今的大直销，无不深陷在如影随形的同质化泥淖中。

因此，如何从同质化市场中跳出来，如何用最少的投入获得高量高价值的市场，如何在养殖户心智中，启动一个差异化的区隔，让养殖户迅速记忆、认同、购买，饲料企业都在苦苦寻觅高招。

光华博思特长期形成独特的实战理论体系,从两个方面帮助企业提炼优势。塑造差异化：一个方面是定位，这又分为两个角度，一是从品类下功夫，赋予品类独特的概念，用概念聚焦企业独特的优势，和竞争对手形成区隔；二是从价值上下功夫，给消费者一个明确的购买价值，品类和价值彼此呼应，比如王老吉品类是凉茶，带给消费者的价值是“预防上火”，营养快线品类是营养饮料，带给消费者的价值是“精力充沛”；品类和价值根据消费者的认知不同，也可能合二为一。这套体系即称为“双定位模式”。

另一方面，从品牌符号入手，围绕品牌定位，塑造一个独特的差异化符号，可能是品牌名称、概念，或者广告语。用以定位为核心的完整品牌体系强化品牌差异性，并体现在产品包装上，宣传物料上，电商平台上，和消费者的接触的每个地方。

说起来简单，但是，真正提炼出差异化的定位，创意出能够表达定位的差异化品牌符号，却并不容易。我们需要运用的，是由外而内的市场思维，竞争思维，大量地研究竞争对手，深入了解养殖户的需求心理，同时深入挖掘企业的独有优势，从一丝一毫中寻找那些灵感。

纵观2015年饲料行业，突出的特点是产能过剩；新六和、正大、双胞胎、大北农、正邦等大型饲料企业跑马圈地，扩大产能，销量均在500万吨以上；在激烈的竞争中，饲料企业数量急剧减少，行业巨头渐出水面；2014年是饲料企业减少最多的一年，是和农业部颁布的针对饲料行业的管理的新《条例》有关，关停了一批实力弱，硬件不达标的小企业；另一方面是竞争的淘汰。到2015年年底，饲料企业从高峰期的15000多家，只剩下6000余家；有人预言饲料行业最后可能只剩下3000家企业。

在饲料行业大变局中，大小企业纷纷谋求突围之路，大中型企业向全产业链发展，向下游养殖扩展， 产业链养殖的扩张，挤压产业链之外的空间，在这个链条中，外面的饲料厂很难再介入，进一步挤压了饲料企业的生存空间。随着散养户的退出，饲料企业转向大中型养殖场的直销模式，直销成为竞争高地。另一个重要的出路，是聚焦高附加值产品，教槽料和母猪料成为重要的推动力量。

德诚农牧集团教槽料在区域市场获得良好口碑，教槽料取胜的关键点在于营养配方，德诚教槽料采用有“中国教槽料之父”称誉、德诚农牧集团“首席科学家”零汉益博士的专利配方，产品具有易教槽、适口性好、抗拉稀的优良特点。

按照双定位品类分化理论，德诚需要将教槽料品类独立为大单品品牌，从原来的低价格竞争中跳出来，重新建立教槽料的高价值形象。

根据由外而内的定位战略研究，我们将这款具有专利营养配方的教槽料品类定位为：“优准”奶粉教槽料，“优准”是一个可以注册保护的概念——“优准”营养配方；而给予这个概念的最有力支持是：“中国教槽料之父”零汉益博士专利配方！

以定位为核心，如何构建品牌体系？光华博思特独创的“品牌形象钻”系统完整的回答了这个问题：品牌形象钻以定位为核心，七个元素互为逻辑，你中有我，我中有你，完整的表达出品牌的双定位内涵。

品牌名称至为重要，有人说，品牌名称的创意最直接体现出策划公司的实力，此言不虚！一个联想度好、形象便于记忆的品牌名，一定程度上决定了品牌能走多远，而看得见的名字仅仅是品牌名称创意的冰山一角。

看看竞争对手教槽料的品牌名，不外乎代乳宝、乳浓、贝贝乳、金人工乳、代乳王、超母乳、好离奶、好转奶、黄金乳等，都跳不出“乳”的藩篱，遗憾的是其中的大多数不能注册保护，依附于主品牌难以独立长大。

我们从不同的角度出发创意品牌名称，在创意了许多名称之后，“大奶瓶”一跃而出，当查证能够注册的时候，项目组忍不住激动鼓掌欢呼！

由此，从双定位战略出发思考，到品牌概念及各个元素的共同构建，让“大奶瓶”从同质化竞争的泥淖中一跃而出。当然，品牌真正的成长和壮大，还需要渠道和传播共同发力，但是，品牌定位及完整的形象构建，是品牌走向市场的内核，也是品牌成长壮大的发力点。

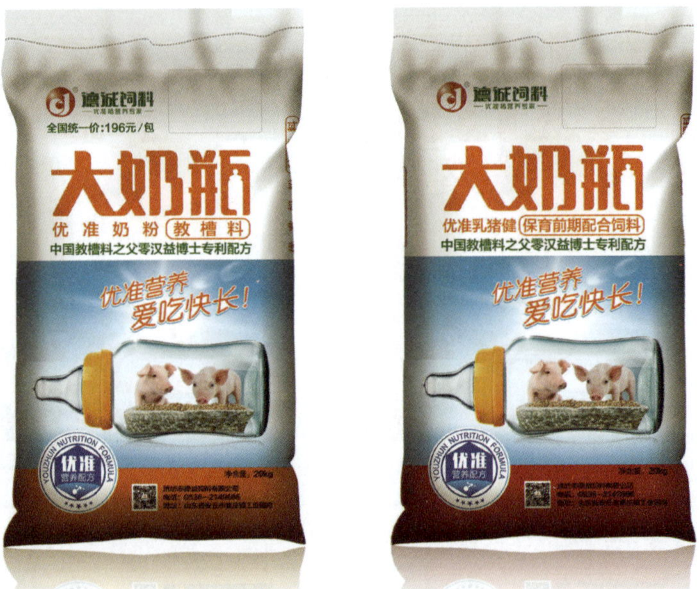

东北大米三碾香：跳出产地卖工艺，大米小品牌实现高附加值

国内大米消费总量趋于平稳，流通量约为每年 5000 万吨。在定额的市场空间内，诸多品牌纷纷想切一块“蛋糕”；五常大米品牌价值 639.55 亿元，东北成为优质大米的源产地，产地成为评价大米品质的关键标准。

东北大米概念泛滥，嘉鹏米业一个区域性大米小品牌，面对强势品牌蚕食和众多品牌乱战，如何避其锋芒进行突围？

一、市场红海：天罗地网，针尖对麦芒

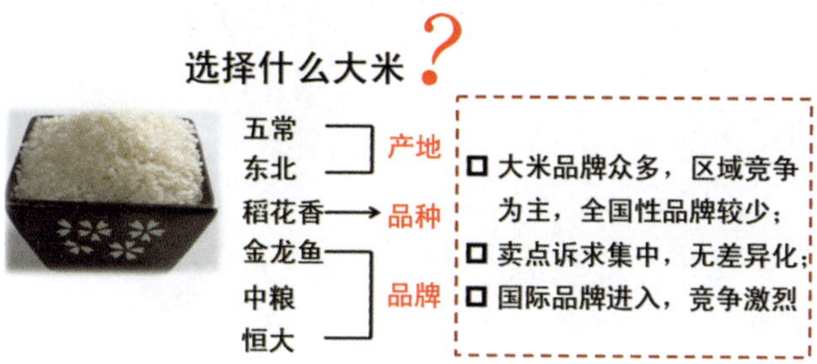

天罗：进口大米与全国品牌

泰国香米进入国内市场，拉开了产品档次；越南大米出口迅速发展，抢占中国部分中高端大米市场；金龙鱼、北大荒、福临门、五丰、金健等国内知名品牌布下天罗。

地网：高认知度产地区域品牌

大米竞争主要集中于区域的较量，因当地独有的生态环境及悠久的历史文

化渊源形成一定影响力，比如天津小站稻、东北盘锦大米、黑龙江响水大米和五常大米等。

寻求破局的嘉鹏米业

吉林嘉鹏米业位于长春松花江流域。松花江流域土肥水美，适宜耕种，自唐代起就成为重要皇粮产地。在长春市九台区其塔木镇发现的立于光绪十年"皇粮碑"，印证了长春松花江大米"贡米"之实。

东北大米有一定产地认知，是泛概念，"贡米"身份，如何借势？
行业白热化、同质化竞争，红海中如何突围？

二、竞争战略：依托产地卖大米，跳出产地卖工艺

大米品牌众多，但更多只是商标的体现，具有真正认知的并不多，品牌之间的竞争主要在品种、价格、产地等方面，这也是当前主流消费市场的选择。

嘉鹏米业参与市场竞争，必须借助东北大米的高品质共识，同时要跳出竞争红海。

依托产地卖大米——做共同认知（东北大米）中的高品质大米！
跳出产地卖工艺——以独特的工艺，概念性支持高品质利益诉求！

1. 品类定位：消费者需求是第一生产力

必须以消费者为导向，必须关注消费者最关注的是什么以及最大心理期待是什么。通过审视、分析消费者市场调研数据，发现最突出的关注为"口感"和"营养"。

在“做共同认知的高品质大米”战略思想指引下，将消费者关注要素和嘉鹏大米产品进行锁定，形成独特的细分品类为“营养鲜米”，这不仅是“鲜香口感”和“健康营养”诉求的核心提炼，也是嘉鹏米业潜心做好大米的优势表达，并以此区别市面上其他单纯宣称大米产地的企业品牌。

2. 价值定位：同样的优势，不一样的工艺

对于嘉鹏米业大米而言，具差异化和价值的根源在于大米的加工及储藏工艺——依托嘉鹏大米实际加工、储藏工艺，这也是“营养鲜米”能够实现的保障。

（1）“三道轻碾”加工工艺。从营养学角度出发，为了保留大米的营养成分，其加工精度不宜过高。嘉鹏米业在遵循传统的大米加工工艺的基础上，进行工艺改良，提炼出“三道轻碾”工艺——轻度碾白留胚，保留大米营养，区隔竞品单纯为追求外观漂亮而进行的过度打磨、过度抛光、过度打蜡，由此带来的大米营养价值流失。

（2）“三低三防”储藏工艺。针对大米的加工和储藏，提出“三低三防”概念，作为区别竞品的差异化价值。“三低三防”强调的是，嘉鹏大米选择“采用物理降温的低温碾白技术、低温烘干技术”的先进碾米设备，以及需要在储藏过程中的低温控制。

三、品牌塑造：既是实力派，也是偶像派

1. 你是谁——品牌名称

明确品牌的独特优势（三道轻碾、三低三防），将其和消费者利益感知（营养鲜香）锁定在一起，品牌名称即为“三碾香”。

2. 顺口溜传播——广告语

复杂信息简单传播，广告语即为“三低三防三碾香，营养鲜米身体棒”。顺口溜化传播，在不知不觉中将品牌名称、差异诉求和带来的利益融合其中。

3. 消费者定心丸——支持系统

消费者需要一个相信的理由，我们就把理由以一种消费者可以相信的方式表达出来。三碾香地处东北“世界黄金水稻带”核心腹地，日照充足、黑土肥沃、河水灌溉，得天独厚的地理环境和后期特有加工、储藏工艺，孕育出优异的营养鲜米特质。

4. 漂亮的画像——建立符号

漂亮的画像更容易记忆。一个需要传达给消费者的记忆任务——要记住这个符号对应的是这个品牌。最好的符号系统是从品牌或产品差异性出发，找出其独有的“DNA”，后期不断强化完善，让消费者认知。

三碾香营养鲜米符号锁定——碾 + 三碾工艺 + 大米。

三碾，直观联想轻碾加工，碾子、碾磨，营养均衡全面、健康。

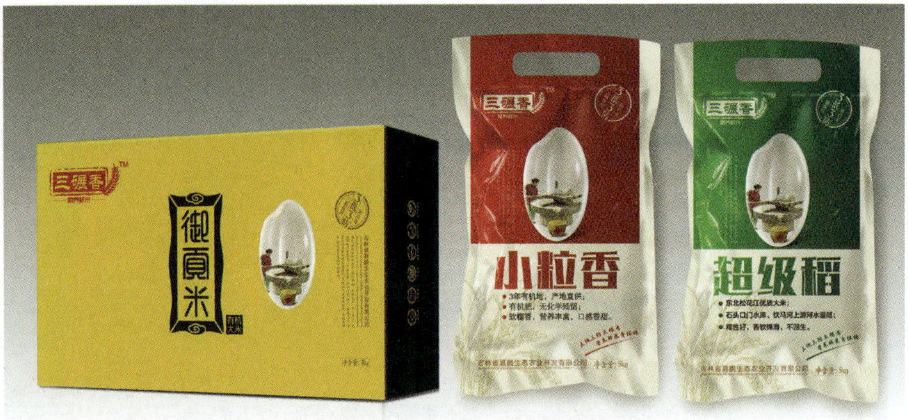

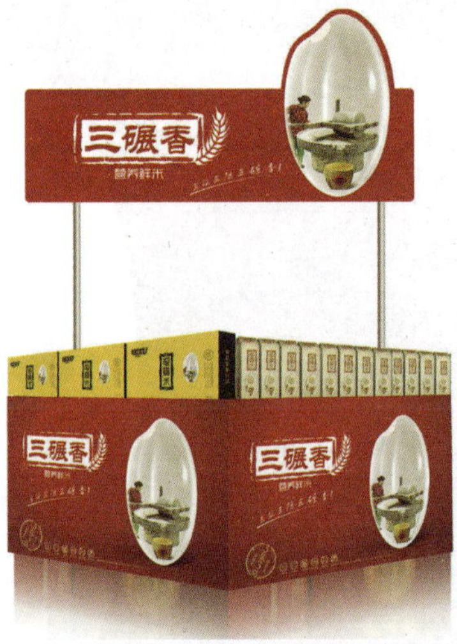

三碾香品牌高价值打造路径：

产地是基础，工艺是核心。依托东北卖大米，跳出产地卖工艺。

三碾香发挥松花江“皇粮碑”产地优势，提出“三道轻碾”保证大米营养新鲜的健康价值理念。通过“三低三防”的营销诉求，成就松花江皇粮贡米领航品牌。

定西马铃薯·西薯粮郡：价值重塑，响亮回答“土豆凭啥当主粮”

2016年2月，农业部向北京、河北、内蒙古等14个省市区农业部门下发《关于推进马铃薯产业开发的指导意见》（下简称《意见》）。《意见》提出，到2020年，我国马铃薯种植面积扩大到1亿亩以上，适宜主食加工的品种种植比例达到30%，主食消费占马铃薯总消费量的30%。自古就在“蔬菜界”的马铃薯，如今要“跨界”作为我国第四大主粮，被端上我们的餐桌。

一时间，吃货们炸锅了，土豆逆袭成主粮，让地瓜们怎么看？让胡萝卜们怎么看？各种段子挤爆了微信。

马铃薯能否成为主食，农业部门说了不算，研制马铃薯馒头的专家说了也不算，决定权在于中国百姓的舌尖，更在于大家能否在意识中将马铃薯与主粮对位。正如农业部余欣荣副部长所言，“马铃薯主食化能不能实现，关键还得看消费者是不是接受”，一方面取决于市场，另一方面也需要宣传和引导。

不能否认，马铃薯主食化带来的商机确是实实在在的，很多企业，尤其是马铃薯主产区的食品企业也都看准了机会，准备趁着马铃薯主食化的东风，实现马铃薯产业的崛起和企业的腾飞，甘肃巨鹏清真食品股份有限公司便是其中之一。

甘肃巨鹏清真食品股份有限公司地处“中国薯都”——定西，创建于1999年，2015年新三板上市，是农产品研发、种植、收购、储藏、加工、销售及冷链物流于一体的省级农业产业化重点龙头企业，与中国农业科学院国内顶尖技术团队合作，开发出经过清真食品HALAL认证的马铃薯营养休闲食品和主粮产品。

面对潜力巨大的市场，甘肃巨鹏硬件软件都已具备，但是如何进行宣传和引导成了大问题，于是找到了光华博思特，合作便水到渠成地展开了。

经过对市场的全面了解和分析，走访了中国农产品加工研究所和国内知名的马铃薯主食化加工技术研发团队，我们逐步梳理出了马铃薯主食化的问题所在：

困局一：低价值感，“穷人吃的、粗粮、杂粮、救济粮”，停留在马铃薯当主粮的三年自然灾害年代，土豆就是土豆，太平常、太普通、太熟悉了。

困局二：成本增加，导致价格高，在消费习惯没有改变的情况下，为什么吃价格更高的马铃薯主粮产品？尤其是在其他主粮的产品口感更好的情况下，经济性不足成为痛点。

困局三：存在认识误区，“淀粉含量高”“容易发胖”等，其实不良的饮食习惯和缺乏运动才是发胖的主因，土豆背负了许多不该承担的骂名。

困局四：与传统习惯背离，“马铃薯就是菜”的属性定位牢牢占据着消费者的认知，南米北面和煮蒸的饮食烹调习惯也是接受马铃薯为主粮的障碍之一。

困局五：市场经济环境下，马铃薯产业自身不能实现市场化，必然没有生命力，短期内依靠政府政策可以实现市场的开发和拓展，但长期来看，市场化才是必由之路。比如马铃薯食品的特有品类——薯片，从舶来品到休闲食品的代表品类，完全是在市场中逐步成长和壮大的，从而带动了种薯、种植、加工、销售的一整条产业链。

马铃薯主食化是个长期的系统工程。培育高产多抗新品种、健全完善脱毒种薯生产与质量控制体系、建设优质脱毒种薯生产基地和多类型贮藏库、调整优化种植结构、优化主食产品原料布局、配套高产高效技术模式、解决加工关键环节的技术瓶颈、研发主食加工工艺和设备、引导居民消费主食产品等，马铃薯成为主粮，还有很多路要走，能搞明白马铃薯主食化产业和市场的人也没有几个。另外，明明是“菜”，还要硬当“主粮”，改变消费者习惯认知更是费力不讨好的事情。

作为甘肃巨鹏清真食品股份有限公司来讲，国家马铃薯主食化的风口出现了，借势完成定西马铃薯的资源锁定，抢占马铃薯主食化的“沙发”，是公司品牌战略的核心内容，就是借助政府的主导作用和各路媒体的推波助澜，放大企业的品牌影响和市场回应。

我们经过反复研究和讨论，总结为“观念破局、资源锁定、借势抢位、差异推广”的品牌竞争策略。

首先，定西马铃薯作为极具地方特色的农产品，是富有价值的稀缺资源，要巧妙的从区域公共品牌嫁接到企业品牌，实现资源锁定。

其次，从研究马铃薯价值转移到研究主食消费的价值。马铃薯具备诸多功能价值，单纯宣传并不能改变消费者的认知和习惯，更不能激发购买欲望；从挖掘出的马铃薯价值属性进行提炼，对主食“定点扫描”会有全新的认识，进而准确定位并提出独特价值主张；只有这样才能避免“杂音”，在消费者头脑中准确“定位”，形成消费者认知“绑定”。

最后，就是如何实现“抢位”的问题了，马铃薯主粮化趋势下，面对消费者会讲什么呢？

马铃薯主粮化是趋势，政府将来会调用更多的资源，不断说服并尝试改变消费者，引导需求、建立连接，实现目的；企业利用这种连接，把它附加到自己的产品中并在此基础上进行强化，踩在风口上，成功“抢位”。政府会说什么呢？会从哪个方面说服消费者呢？

所有的一切，还是要回到马铃薯的属性来分析，“马铃薯究竟是什么？”，马铃薯的习惯认知是“菜”，我们做的是马铃薯主食产品，怎么办？“硬改”会头破血流的！我们转换了思路，既然不能“改”，我们就“顺”着消费者的思路进行思考，以前把马铃薯当菜吃，现在当主食了，是不是可以说马铃薯既是“菜”，又是“主粮”呢？在原有认知不变的基础上，将马铃薯主食化的信息进行传递和整合后，形成了独特的属性定位——“蔬粮”。

思维方式的转变，瞬间让思路开朗了，我们都感觉到胜利的曙光在指引着我们继续前行。接着对“蔬粮”进行价值表述，马铃薯既是“菜”，又是“主粮”会带来什么样的价值呢？中国人吃饭是“饭菜分明”的，吃菜是为了补充必要的营养，吃主食是为了补充能量，参考《中国居民膳食指南》等相关资料，我们提出了“蔬粮均养”的属性价值，马铃薯既是“菜”，又是“主粮”，能够营养均衡、膳食平衡。

在原有认知的基础上，对属性进行“再定位”，属性价值延展形成了基于属性的独特价值主张，而且具有明显的排他性和独占性，从而体现出了无与伦比的价值感，小土豆逆袭成土豪。

接下来的工作我们充分运用了独门工具——光华博思特品牌形象钻模型，形成了品牌价值系统的完整塑造，品牌核心价值、品牌名称、利益点、概念点、支持点、广告语、主视觉七大要素一一揭开神秘的面纱。

在品牌名称这个耗费脑细胞最多的环节上，坚持定西马铃薯资源锁定的创意策划方向，结合属性价值定位和主食化产品的需求，在几十个备选名称中，最终选定“西薯粮郡”。

战国时定西属陇西郡，是关于定西最早的行政区划记录。主粮产品品牌表示出产于中国薯都的优质马铃薯，强调产地概念；粮郡也是盛产粮食的区域之意，类似于鱼米之乡；“以西薯为粮郡”，因为优质的定西马铃薯，从而成为粮食富足之地，也是对马铃薯主粮化的美好愿景。品牌名称得到了客户的极大认可和支持，而且几个备选方案客户也进行了注册，加以保护。看到客户对备选方案也难以割舍，成就感油然而生。

回顾策划全程，关键是成功地解决了马铃薯属性价值延展与消费者习惯认知的背离问题，没有和其他公司一样按照原有的套路进行策划，而是充分了解症结，直面问题，回归属性本质，转换了解决思路，变“改”为“顺”，重新进行属性“再定位”和“价值再造”，最终找到了解决问题的突破口。

清真
土豆凭啥当主粮？
蔬粮均养更健康
蔬粮合一
均养天下
Chippion
西薯食神
蔬粮均养 艺术大师
甘肃巨鹏清真食品股份有限公司

野蛮香：双定位战略思维，打造黑猪肉高价值品牌典范

跨界企业，由饲料转向黑猪肉，市场积淀为零；

“土”“散养”“香”，产品同质化严重，差异化概念缺乏；

品牌鱼龙混杂，相当一部分存在投机心理；

快速发展，随着大品牌和大资本进入洗牌之势初现。

竞争没有真相，只有认知。和农牧业黑猪如何借助黑猪肉现有认知，进行消费者心智“圈地运动”，打造成为东北黑猪肉代表品牌。

打造根据地：立足长春，前可进退可守

和农牧业所在的东北市场尤其是吉林市场，品牌化消费趋势明显，普通冷鲜肉品牌林立；高品质生态猪肉品牌较少，发展较为初级，但也已形成部分优势品牌。

精气神：销售市场主要在北上广深等一线城市与省会城市，长春市有体验店但不是重点市场。

田语、老隽头：主要是专卖店经营。

金球、北旺：销售渠道多集中于商超。

和农牧业审时度势，整合优势资源，以长春市场为战略根据地，前可进攻京津市场，退可坚守东北市场，为打造具竞争力和影响力的黑猪肉品牌奠定基础。

双定位战略：竞争导向，心智圈地

打造具有影响力的品牌，是企业的终极资本，能够屹立长存的基业。品牌

战略的核心是定位，是消费者心智的“圈地运动”，成功的品牌必须能够在消费者心智中代表某个品类或某种价值，必须能够回答“我是什么？”“为什么要买我？”。

1. 品类定位：锁定区位资源优势

消费者认为黑猪肉好，也已被教育出来，但是黑猪肉未能从品类上形成差异化认知。消费升级背景下，消费者愿意为高价值付出高价格，必须从品类上寻求高价值定位，明确回答“和农牧业黑猪肉怎么样”。

目前市场上，有机、生态、黑、笨、土、散养、山、林等品类词汇认可和接受度高。在此基础上，结合企业当地优势——长白山区域，嫁接地理位势，和农牧业黑猪肉品类定位为“长白山散养黑猪肉”，价值联想更高。

2. 价值定位：连接深层消费需求

创建品牌要先洞察消费者需求，找到一个强有力的核心价值，形成购买理由，然后命名这个产品，再进行系统化品牌形象塑造。

消费者购买价格高的黑猪肉，主要的期待就是好吃、有肉香以及安全健康。从市场表现来看，“安全”为大品类基础保障性因素，加之健康未形成驱动性购买因素，因此“香”成为和农牧业黑猪肉价值定位的方向。结合和农牧业黑猪长白山深山散养、原始原生态养殖特性，黑猪肉达到本来肉香，即“本原香”，无任何人工过多干预的原生态肉香。

品牌价值和使命就是“让中国人吃到原生态肉香的黑猪肉”。

品牌形象：面子必须配得上里子

好产品离不开好形象，必须做到“一见钟情”，好的品牌形象能够自动传播。

1. 你是谁——品牌名称

一个合适的、直接的命名，让我们所有的广告投资事半功倍，必须直白传递出原始生态肉香的诉求。

山花红，野果多，黑猪出没高低坡，快乐的黑猪在野山里“野蛮生长”！野蛮生长是一种原始的本能的状态；一种积极生长的力量；一种阻挡不住的生命张力；一种回归本性的生命状态！

直接把品牌名称定为“野蛮香”，有张力、有气势，有巨大势能。

2. 何以见得——支持系统

你说你是本原香，你说你是“具有原生态的肉香”的黑猪肉，消费者凭什么相信你？给消费者信任感，让消费者相信。

品牌价值来源于原始生态散养（山野林牧、野性释放、野果清泉）和科学五谷配比进食，直接概括就是“三野五谷”。因为有三野五谷，才能有本原肉香，同时能够建立行业跟进竞争壁垒。锁定品牌，直白广告语即为“三野五谷野蛮香”，凸显利益又能体现差异，简单、直接、有效。

3. 品牌画像——建立符号

建立品牌就是建立符号，记住品牌就是记忆符号。一个需要传达给消费者的记忆任务——消费者要记住这个符号对应的是这个品牌。

一头健硕的黑猪从一颗野生榛子包裹的林海雪原中走来，生动形象地表现出野蛮香黑猪的特点：长白山散养、生态健康以及毫无畏惧的野蛮生长的生命力量。

高举高打：不负春光，野蛮生长

在夯实长春根据地的基础上，和农牧业公司逐鹿京津地区，强势进入北京市场。“高举高打”，入驻各大连锁超市，以高价值品牌形象和消费者认可度向林海雪原致敬。

野蛮香品牌高价值打造路径：

嫁接东北长白山散养优势，充分挖掘消费者对猪肉的本质需求——本原肉香、三十年前的肉香味道，将品牌价值锁定“三野五谷野蛮香”。

高举高打，进军北京等一线市场，积极布局全国市场，打造“野蛮香”品牌价值度和影响力，成就东北黑猪肉的品牌典范。

祖名素肉：利益聚焦，符号诛心成就王者之路

市场即杀场！沙场乱战之下企业产品见光死得惨烈结局在休闲豆制品圈内天天发生！ 放眼望去，休闲豆制品市场产品多如牛毛却永远让你傻傻分不清！只有清晰的竞争策略和系统的价值体系彰显才能成就企业杀伐征战的王者之路。

一、审时度势莫跟风

我们经常说做休闲食品的企业与消费者最远的距离莫过于利益不聚焦，概念不清晰。造成这种尴尬现状的根源就在于品牌产品从产品投入市场之前就属于盲目跟风，定位不清！看不清战场形势，你还玩什么？

（1）行业同质化严重，未火先乱。素肉品类快速同质化，产品雷同，价格迅速被拉低，进入价格竞争泥潭，豆干、素肉成了“物美价廉”一家人。

（2）潜在威胁明显，直接竞品众多，替代品竞争明显 。大企业借助规模

优势各显神通，小企业跟进模仿挤进来拼命咬一口。

(3)休闲豆制品家族中的素肉品类产品无明显领导品牌，市场区域化明显。川派、湘派、江浙派割据一方，无名派别更是数不胜数。

(4) 品类泛化，品类诉求同质化 。讲原料、说工艺、口味配方神神秘秘，素食主义、手撕感觉宣传一大堆，无特色不聚焦。

二、同质化竞争分分钟要你命

区域老牌豆制品企业杭州祖名，拥有行业领先的研发力量和技术水平，围绕“让每一个人都能吃到营养健康的大豆食品”做足了杭州当地的生鲜豆制品市场，绝对的地方行业翘楚！但休闲豆制品圈内野蛮的同质化竞争使得祖名大豆组织蛋白品类拓展受阻，好原料好工艺精雕细琢出来的素肉制品陷入认知尴尬境地，与市场上众多廉价豆干混为一谈，多年秉承的传统工艺总结后反而成了他人店铺宣传的资本，一个没有特殊的识别符号和利益聚焦的休闲豆制品面临的结果显而易见：泛化的产品利益无法触动并引发消费共鸣！产品价值被雪藏不得释放！最终陷入价格乱战泥潭无法自拔！

三、潜心修炼切准死穴

休闲食品其实就是不让嘴闲着，玩着乐着一次就吃完的小食品，这类食品具备一个显著地“三好特性”，好吃好玩是前提，利益好处才是灵魂！群体消费者只关心你两点：你给我带来的利益是什么？有什么好处？面对目前素肉品类各种“素”各种“撕”，我们必须要跳出来，以食品安全为契机，创领一个新的营养健康概念，而且必须要兼顾产品对外强烈的视觉冲击，让人玩着乐着就记住它，选择它。

品类策划有其游戏规则，其核心在于一定要明确品类的竞争策略及核心价值，解决卖什么、卖给谁的问题，同时借助独到的利益概念抢占消费者心智，以此跳出同质化竞争困局。此次策划关键就在于：概念兴趣、共鸣记忆、视觉震撼、锁定购买！

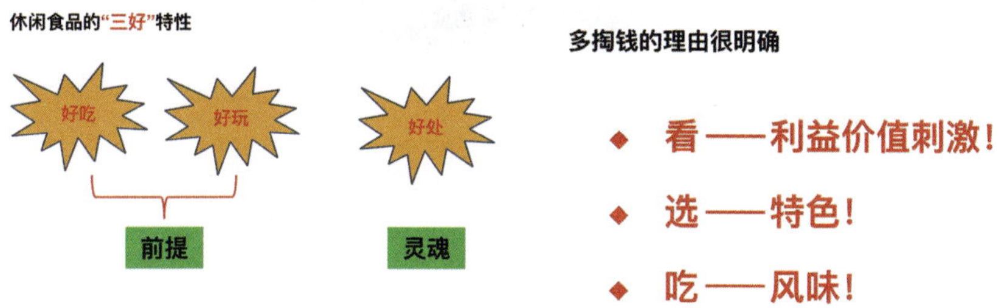

四、战略性思维铸利器：

针对祖名现有市场渠道情况精准细分消费群体，运用利益聚焦，符号诛心的竞争策略结合博思特六次产业价值再造的成熟理论系统，将原有的基本质量型消费者逐渐转移至品质功能型、情感品味型的高层级消费者，集中锁定年轻态，偏女性的中端消费群体，基于这类群体有一个显著消费特点，即理性为基础的感性消费，在注重休闲豆制品品质的基础上更多的是心理诉求的满足，既要享受如同吃肉般的“吃货快乐”，更要享受不吃肉、不长胖的健康利益，这恰恰是素食的利益根源，由此我们结合企业责任明确占位健康休闲食品中的健康素肉，深挖祖名素肉的优势基因，结合大豆组织蛋白的属性另辟蹊径，提出了“享瘦”“免脂素蛋白”的健康概念，完成了消费层级从“素”到“享瘦”的利益聚焦，价值区隔；从“无肉也欢乐”的大众泛化宣传属性提升到

“免脂素蛋白，享瘦更享受”的概念传播，联想体验，使消费者在诸多泛化的素肉原料、公益宣传当中区隔聚焦，引发利益共鸣。

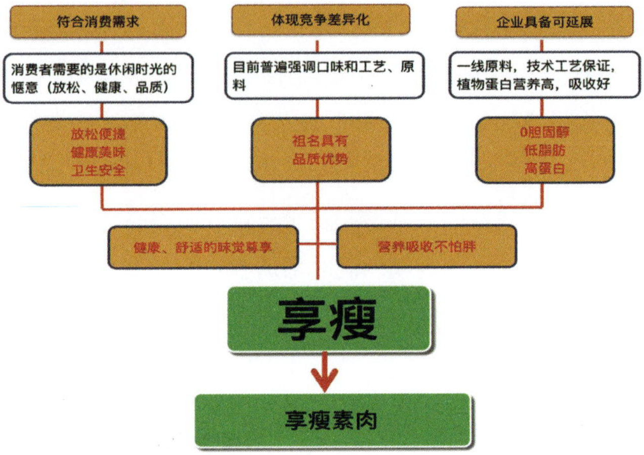

五、价值出鞘，符号诛心！

核心策划要素最终是要对外传播和生动呈现，体现价值，聚焦利益，运用差异化符号，聚焦特色是品类形象和产品包装的设计关键。诸多产品都想跳到消费者购物篮里，关键是如何第一眼抓住消费者眼球！如何将概念、利益点、传播语直观呈现在消费者面前，一个让人记忆犹新，过目不忘的视觉符号冲击必不可少！结合博思特品牌附加值打造中的价值形象视觉系统，从“传统”到“特色”对祖名享瘦系列素肉进行崭新的包装、形象风格转换，目的只有一个：在茫茫品牌中记住我！

什么爱吃肉？兽中之王嗜血成性！什么爱吃素？龅牙小白兔！看似格格不入、不搭调的元素如何让人记忆犹新，快速识别？要的就是这个跨界组合范儿！破旧立新！一个爱吃素的大龅牙老虎形象由此诞生，它就是享受素肉的独特识别符号，让人一眼爱上，过目不忘。兔子牙的老虎是谁，是祖名的享瘦素肉，享瘦素肉长什么样？长了一副兔子牙的大老虎！老虎都改吃素肉了，这肉香也是没谁了！关联记忆，产品特色形象聚焦！

如果今后在商超和便利店中，你发现了一只长着兔子大龅牙的老虎，你没看错！那是祖名享瘦素肉来了，“免脂素蛋白，享瘦更享受！”

从“传统”到“特色”，包装、形象风格转换

差异化符号，聚焦特色

品牌策划与创意设计目的在于激发购买欲望！ 让人记住是前提，还需要恰到好处的造势来促一下火候，抢眼抓心是手段，促成购买最靠谱！

通过对玩乐休闲食品一族的深入了解，选择了他们代表性的食用场合，并恰到好处地与不同口味的享瘦素肉系列新品相结合，强化引入消费时机，启发消费群购买动机。

品类诛心秘诀就在于利益聚焦，符号诛心，跳出原料工艺卖价值，强体验成就王者之路！

祖名®
享瘦™素肉
免脂素蛋白
享瘦更享受™
祖名
享瘦™素肉
免脂素蛋白
享瘦更享受™
烧烤味
五香味
祖名豆制品股份有限公司
服务电话：4008096088
www.chinazuming.cn
祖名享瘦素肉
免脂素蛋白
三蒸工艺
祖名豆制品，关注人类健康！

后记

光华博思特
助力产业价值再造

二十年的营销咨询实践
独创高附加值理论知识体系
近百位营销专家
两百个全案品牌成功案例
——身经百战的专家团队

上百个成功案例的经验

集百家大成的理论体系

CREATING VALUE ADDED
创造附加值
如何创造高额附加值
HOW TO CREATE HIGH VALUE ATTACHED
如何提升品牌附加值
疯狂吃
狂吃十万亿
中国农产品食品高附加值成长模式
十万亿
品牌农业——中国未来30年的最大商机
品牌农业大革命
Brand Agriculture Revolution
看清本质
把握趋势
赢得先筹
韩志辉 著
品牌农业—中国未来30年最大商机！
狂卷十亿亩
新中国第三次土地财富浪潮
品牌农业——中国未来30年的最大商机！
NO.1
冲向第一
二线品牌高附加值成长模式
跳出低谷
销售杀伤力
家具建材行业店面
商裁
决不安于现状
NEVER CONTENT WITH THE STATUS QUO
提升自己的价值
ENHANCE YOUR OWN VALUE

中国品牌农业战略推进中心

中国品牌农业战略推进中心由农业部专家韩志辉教授牵头成立。中心致力于贯彻我国农业部《关于进一步推进中国农业品牌化》意见，由众多从事农业领域品牌研究、品牌咨询、品牌价值评估、品牌培育、品牌推广、品牌传播等相关研究的专家团组成，旨在推动中国农业产业价值升级，打造有国际竞争力的农业区域品牌，加速涉农企业品牌化进程，是一家专门从事农业产业规划和农业区域公用品牌、特色农产品及涉农企业品牌打造的集研究、策划、咨询、实施于一体的专业服务机构。

中心依托创造农产品高额附加值强大的理论体系，多年来致力于研究中国品牌农业发展方向、中国未来农产品市场发展趋势、中国农产品企业存在的核心问题以及解决方案，同时联合地方政府、媒体、咨询机构等，为农产品企业品牌建设提供战略规划、培训、管理咨询等全方位的专业服务。近年来，中心在农业品牌的研究和实践方面已取得突破性进展。中心受“中华人民共和国农业部和德国国际合作机构”委托，共同完成“中国华北地区集约化农业环境战略”项目农民专业合作社促进专题。共同编著的《农民专业合作社如何快速营销制胜》是我国第一部系统提升农民专业合作社营销水平的专著。

多年来，中国品牌农业战略推进中心与平谷大桃、烟台苹果、大荔冬枣、昭通苹果、临县红枣、易县磨盘柿子、首农集团、三元乳业、完达山、思念食品、中澳集团、中沃实业、禹王集团、晋龙集团、三高集团、瑞阳集团、英潮集团、杜康控股、景芝酒业、阳春羊奶、永乐面粉、正方农牧、沙沟香油、天凯食品、詹氏山核桃等数百家著名区域特色农产品及涉农企业品牌进行深入合作，并打造和见证了无数品牌成就传奇。

现代农业的核心竞争力是：农业产业链价值的系统竞争力

我国农业供给侧结构性改革的核心是：农业产业价值升级

提升我国农业产业价值的必由之路是：农业品牌化战略

避免地标产品公地悲剧的唯一出路是：农业区域品牌价值战略

农业区域品牌价值战略的最大难点是：如何实现一体化协同运营管理

中心依靠强大的专家团队专注以下服务：

农业区域品牌战略规划：

农业区域公用品牌、特色农产品品牌战略规划。主要包括，农业区域品牌名称及符号系统；农业区域品牌定位及理念系统；农业区域品牌矩阵及产业系统；农业区域品牌管理及运营系统；农业区域品牌仪式及推广系统等。

区域农业产业化升级发展规划：

区域农业产业价值升级发展战略、农产品加工产业发展规划、农业产业化项目招商模式规划、农业产业化项目招商推广活动策划、农业区域公用品牌运营管理模式设计、一体化协同运营管理与品牌推广等。

涉农企业品牌营销整体解决方案：

品牌战略规划、品牌定位策划、竞争策略制定、品牌形象创意、战略单品策划、产品品牌策划、推广传播、渠道布局、实战营销培 训等。

现代农业园区规划设计：

现代农业产业园区、现代农业科技园区、现代农业创业园区、生态原产地产品保护示范区及三产融合的现代农业综合体等规划设计。

中国品牌农业战略推进中心

地 址：北京市海淀区知春路 51 号慎昌大厦 5 层

电 话：010-82965068

联系人：刘鑫淼

手 机：18800060679

中国品牌农业价值网

网 址：www.china-caba.com

欢迎关注品牌农业战略推进中心公众号

中国农业科学院农产品加工研究所概况

中国农业科学院农产品加工研究所位于北京市，建所于2003年12月，是目前国内农产品加工领域唯一的国家级公益性科研机构。现有在职职工192人，其中科技人员160人，高级专业技术职务人员55人。主要开展油料加工与品质调控、谷物加工与品质调控、肉品加工与品质调控、果蔬加工与品质调控、薯类加工与品质调控、加工有害生物防控、加工化学危害物控制、中式食品加工技术与装备、食品功能因子研究与利用、食品酶工程、农产品采后生物学与保鲜、生物毒素防控12个重点方向研究工作。拥有农业部农产品加工重点实验室、国家农产品加工技术研发中心、农业部农产品加工质量安全风险评估实验室、农业部农产品质量安全收贮运管控重点实验室、粮油加工综合利用技术集成实验室、中式肉类菜肴制品加工技术集成实验室6个国家级科研平台，中国-以色列产后与食品科学研究中心、中国-阿根廷食品科学研究中心等18个国际合作研究平台，是联合国粮农组织（FAO）食品科学领域唯一国际参考实验室。拥有农产品加工利用、农产品质量与食物安全、生物化学与分子生物学、植物病理学4个博士学位授权点，食品科学、农产品加工及贮藏工程、生物化学与分子生物学、植物病理学、食品加工与安全、植物保护6个硕士学位授权点。“十二五”以来，研究所共承担各类项目578项，牵头国内优势单位组建9个创新联盟，与国际一百多个科研院所或实验室签署合作协议、建立国际导师制，获得国家技术发明奖1项、省部级奖20项，授权国家发明专利390余件。

地址：北京市海淀区西北旺农大南路1号中国农业科学院农产品加工研究所
邮编：100193
电话：010-62815836
传真：010-62895382
网站：http://iappst.caas.net.cn

中华全国供销合作总社济南果品研究院科技服务简介

中华全国供销合作总社济南果品研究院是专业从事果蔬采后工程技术研究的国家级科研机构。20世纪90年代，中德两国政府共同投资8000多万元在该院建设了“中国果蔬贮藏加工技术研究中心”，近年来，又投资1.2亿元在济南章丘区建设了占地80亩的果蔬采后科技产业园区，开展从小试、中试到产业化的应用技术研究与示范推广。院内设有果蔬贮藏加工国际联合研究中心、国际蘑菇学会采后专家组、果蔬及制品流通与安全控制产业技术创新战略联盟、山东省食品科技学会等国内外科技平台32个；主持承担“六五”至“十三五”国家科技支撑项目、国家高新技术产业化项目和农业科技成果转化资金项目、国家标准制修订等项目300多项，获得国家科技进步二等奖等各级科技奖励60多项；为从事果蔬、食用菌流通与加工的农产品企业品牌建设提供贮藏保鲜、精深加工、资源综合利用、质量检测、产品追溯、标准化等全方位技术服务。院内各部门与平台服务内容：

1. 贮藏保鲜研究所（0531- 88932575 ）为企业定制贮藏保鲜、冷链物流技术解决方案，研发推广果蔬可移动预冷设备，保障特色农产品采后减损增值。

2. 加工技术研究所（0531-88932120）：提供专业化的果汁（浆）及饮料主剂、果酒、果醋、果蔬粉、果干、果蔬脆片、蜜饯等休闲食品技术开发、工艺指导、设备选型、人员培训等技术服务，助力企业立足产品特色实现差异化、多元化开发。

3. 功能食品研究所（0531-80951159）开展果蔬及食用菌中功能性多糖、黄酮类等功能成分提取分离技术、加工下脚料综合利用技术研究、产品开发与推广服务。

4. 供销总社果蔬及制品检测中心、国家果蔬及加工制品质量监督检验中心（筹）：（0531-80951112,88193700 ）提供果蔬及加工产品质量安全、营养成分等指标检测服务，为企业产品质量控制、实验室建设等提供咨询服务。

5. 全国果品标准化技术委员会贮藏加工分技术委员会（0531-88920482）：组织果品贮藏加工领域国家标准、行业标准制修订与宣贯，为企业提供标准化咨询服务。

6. 供销社农副产品OID注册机构（0531-80953635 ）：提供基于OID统一标识的农产品质量安全追溯体系建设服务。

7. 国家职业技能鉴定站（0531-88937683）：开展果蔬贮藏、加工工、评茶员、茶艺师、食品检验工等职业技能鉴定与培训。

8. 农产品流通与精深加工众创空间（0531-88924958,88926506）：整合行业资源，为创业者提供专业化的全程创业孵化指导。

我们的愿景：用科技为品牌腾飞插上翅膀！

地址：（西）济南市燕子山小区东路24号（250014），
（东）济南市经十东路16001号（250220）

电话：0531-88933233；传真 0531-88920390,88581795

网址：http://www.fruit.ac.cn　http://www.ctcf.top/

邮箱：jngps@126.com